KB200975

가입부터 비즈니스 계정 관리까지!
인스타그램 완벽 가이드

당장 써먹는 인스타그램

가입부터 비즈니스 계정 관리까지!
인스타그램 완벽 가이드

당장
써먹는
인스타
그램

이연주 지음

인스타그램 아이디가 어떻게 되세요?

최근 사석에서 처음 만난 20대가 저와 인사를 나누고 건넨 첫 마디입니다. 저희는 바로 각자의 스마트폰을 꺼내 서로의 인스타그램 계정을 팔로우하고 각자의 게시물에 '좋아요'를 눌러주었습니다. 헤어진 후 DM(다이렉트 메시지)으로 즐거웠던 추억이 담긴 사진을 건네받고, 다음에 또 만나자는 안부를 나누었습니다. 이제 우리는 스쳐 지나간 인연이 아닌 인스타그램으로 이어진 '인친'이 된 것입니다.

전화번호나 직업, 회사를 묻는 것은 옛날이야기입니다. 자연스럽게 인스타그램 아이디를 물어보는 시대가 왔습니다. 이제 인스타그램은 일상에 깊이 뿌리내려 누구나 하나씩은 가지고 있는 SNS(Social Network Service)가 되었습니다.

누가 뭐래도 국민 메신저 앱은 카카오톡입니다. 직접 만나기 어려운 시간이나 관계에 약간의 거리를 두면서 언제든 대화를 할 수 있는 훌륭한 커뮤니케이션 수단이지요. 말주변이 없어도 귀여운 이모티콘과 글로 마음을 전하기 좋습니다. 때론 마주 보면서도 카카오톡으로 대화를 나누곤 하지요. 멋진 풍경이나 재밌는 이야기가 있으면 언제든 카카오톡으로 나의 경험을 나눕니다.

하지만 그만큼 카카오톡은 너무 개인적인 커뮤니케이션 채널입니다. 전화번호가 있어야 등록 가능하고, 한 사람당 1개의 아이디만 만들 수 있다는 것은 프라이버시를 중요시하는 MZ세대들에게 심리적인 불편함을 안겨주었습니다. 그래서 그들은 카톡대신 인스타그램으로 대화를 합니다. 인스타그램에 나의 일상을 올리고, 친구들과 댓글로 수다를 주고받습니다. 좀 더 개인적인 이야기를 원할 때는 DM을 이용합니다. 인스타그램에서 재미있는 이야깃거리를 발견하면 카카오톡 대화방에 올리는 것이 아니라, 친구를 해당 콘텐츠로 불러들입니다. 하루 종일 인스타그램에서 이야기하고 놀고 대화합니다.

모바일 빅데이터 기업 아이지에이웍스의 조사에 따르면 2024년 6월 국내 10대 이하(0~만 19세) 스마트폰 이용자의 인스타그램 애플리케이션 총사용시간은 9,411만 시간으로 소셜네트워크 부문 1위를 기록했습니다. 2위 카카오톡(4,821만 시간)의 약 2배 수준입니다. 같은 기간 만 19세 이하의 카카오톡 총사용시간은 7.6% 감소했고 페이스북의 경우 44.1% 급감했습니다. 유튜브 역시 총사용시간이 6개월 사이 4.2% 줄었습니다. 나이가 어릴수록 인스타그램 이용률이 높습니다. SNS 주도권이 인스타그램으로 넘어갔다는 의미죠.

인스타그램의 특징 중 하나는 한 사람이 여러 개의 아이디를 만들 수 있다는 점입니다. '직장인으로서의 나, 취미를 즐기는 나, 다정한 부모로서의 나, 알바생으로서의 나'라는 다양한 부캐를 만들어 소통할 수 있습니다. 인스타그램 알고리즘은 부캐의 취향에 맞추어 유사한 관심사를 가진 타인들을 연결합니다. 바야흐로 1인 다(多)캐릭터의 시대, 1인 N인스타그램 시대입니다. 다른 SNS들도 복수 아이디를 허용하는 추세지만 인스타그램만큼 자유롭진 못합니다.

스마트폰 보급으로 촉발한 디지털이 일상화되면서 쇠락하던 오프라인 비즈니스는 코로나 팬데믹 이후 온라인에 주도권을 완전히 넘겨주게 되었습니다. 온라인 비즈니스와 거리가 멀었던 동네 골목 상점조차도 온라인 마케팅은 필수가 되었죠. 세상이 온통 온라인 소통의 중요성을 이야기합니다. 온라인에서 입소문이 나지 않으면 오프라인에서도 성공하기가 쉽지 않습니다. 반면 온라인에서의 입소문으로 3,000억 가치의 브랜드가 되기도 합니다.

안국동의 베이글 맛집 '런던베이글뮤지엄'은 인스타그램 성지라고 불렸습니다. 가장 한국적인 동네에서 런던 본고장의 라이프스타일 경험을 제공했습니다. 이곳에서 촬영한 인증샷은 인스타그램을 꾸미기에 더없이 만족스럽습니다. 물론 베이글이 맛없었다면 성공도 없었겠지만, 인스타그램 성지라는 입소문이 런던베이글뮤지엄을 더 매력적으로 보이게 한 것은 분명한 사실입니다.

많은 카페와 관광지가 인스타그램에 매력적인 인증샷을 올릴 수 있도록 인테리어를 꾸미고, 포토존을 만들고 있습니다. 이를 신조어로 '인스타그래머블'이라고 합니다. 이 단어는 영어로 'Instagram'과 가능을 의미하는 접미어 'able'의 합성어로 '인스타그램에 올릴 만한'이라는 뜻입니다. 소비자들이 자발적으로 우리 매장과 브랜드를 인스타그램에 소개할 수 있도록 유도하는 것이죠.

남들 하듯 해시태그 이벤트로 음료수를 제공하고, 유행한다는 아이템을 가져다 놓는다고 해서 '인스타그래머블'해지는 것이 아닙니다. 소비자가 우리 매장, 우리 브랜드를 통해 만족스러운 경험을 했을 때 자발적인 인스타그램 입소문을 만들 수 있습니다. 퍼스널 브랜딩 역시 마찬가지입니다. 팔로워들에게 어떤 만족감을 줄 수 있는지 고민하고 콘텐츠로 풀어나가야 합니다. 여러분의 브랜드는 인스타그래머블한가요?

인스타그램은 원래 사진 공유앱으로 출발했습니다. 사람들이 더욱 멋진 사진을 공유할 수 있도록 필터를 만들었고, 그로 인해 전 세계인이 사용하는 유명 앱이 되었습니다. 지금도 인스타그램은 사람들이 더 멋지고 좋은 콘텐츠를 올릴 수 있도록 계속 발전하고 있습니다. 이젠 사진을 넘어 릴스, 라이브방송, 스토리와 같은 다양한 콘텐츠를 올릴 수도 있고, 더 많은 사람들이 인스타그램에서 이야기를 나누고 삶을 누려갈 수 있도록 하고 있습니다.

이미 우리 삶 속으로 깊이 들어와 버린 인스타그램을 외면하고 살 수는 없습니다. 소상공인이라면 인스타그램으로 고객과 소통해야 하고, 브랜드라면 인스타그램에서 우리 회사를 멋지게 소개해야 합니다. 개인들은 나의 숨겨왔던 모습을 발산하며 새로운 가능성을 찾아야 합니다.

이 책은 단순히 인스타그램 기능만을 설명하지 않았습니다. 인스타그램은 살아 숨 쉬고 있고, 성장하고 있기 때문이죠. 주기적으로 새로운 기능을 선보이고, 사용성이 떨어지는 기능은 사라지고 있습니다. 이 글을 쓰는 동안에도 인스타그램은 스토리에 댓글 기능을 추가한다고 발표했습니다. 프로필에 배경음악 기능을 넣었고요. 미국에서는 이미 인스타그램에서 결제와 구매가 이루어지고 있는데 언젠가는 우리나라에서도 가능해질 것입니다. 그때가 되면 마치 키오스크가 일상화된 것처럼 인스타그램 역시 일상에 더 깊이 파고들 것입니다.

그러니 늦기 전에 당장 인스타그램을 시작해 보면 어떨까요? 인스타그램에서는 할리우드 스타도 옆집 동생도 그냥 하나의 인스타그래머일 뿐입니다. 두려워 말고 지금 당장 시작해 보세요. 이 책이 여러분들을 도와드릴 것입니다.

2024. 9.
이언주

인스타그램을 운영해보자

3. 인스타그램 잘 써먹기

인스타그램 소통의 왕이 되자

4. 인스타그램 고수되기

5. 참고할 만한 인스타그램 46선

1

인스타그램
지금 당장 시작하자

저자의 강의를 들으며 읽어보세요!

1인 1 SNS 시대
인스타그램을 해야 하는 이유

인스타그램(Instagram)이란?

2004년경이었을까요? 싸이월드(Cyworld)가 유행하던 시절이었습니다. 당시 국내엔 블로그 서비스가 태동하고 있었는데, 무언가를 써야 한다는 부담감이 있는 블로그와 달리 '마이크로 블로그'를 표방한 싸이월드는 당시 신세대들에게 파도처럼 퍼져나갔습니다.

자신을 표현하기에 거리낌이 없던 당시 10~20대들은 싸이월드를 통해 새로운 세상을 만들어나갔죠. 게시판에 자신의 짧은 일상을 담아내고, 대문에는 자신이 좋아하는 음악을 배경으로 깔았습니다. 많은 사람이 DJ가 되어 자신의 하루를 음악으로 표현하기도 했습니다. 당시 광고대행사에 다니던 저는 업무 중에 들을 수 있는 조용한 곡을 선호했고, 아직도 그 때 제 플레이 리스트를 들으며 밤을 지새웠다는 안부 인사를 받곤 합니다. 요즘 식으로 말하면 노동요였다고 할 수 있죠.

미니룸에 다양한 아이템을 채워 온라인 집들이를 하면, 많은 이들이 방문해 방명록을 남기기도 했습니다. 누군가는 이 1촌들의 인사말을 보고 그들의 싸이월드를 찾아가는 1촌 파도타기를 하고, 게시판의 글에 공감하면 '퍼가요~♡' 한 줄을 남기고 공유했습니다. 이를 통해 어느 동네나 학교에서만 인기를 끌던 '얼짱'들이 전국적으로 유명세를 타기도 했습니다. 페이스북보다 먼저 등장한 소셜 미디어의 시작입니다.

그로부터 20여 년이 지난 지금 대한민국, 아니 전 세계는 인스타그램이라는 소셜 미디어에 열광하고 있습니다. 이제 인스타그램을 통해 대한민국을 넘어 세계적으로 유명세를 탈 수 있으며, 1촌 파도타기가 아닌 추천 알고리즘을 통해 누군가의 스마트 화면에 자신이 노출되기도 합니다. 재능과 끼만 있다면 누구에게나 평등하게 기회가 주어지는 세상입니다. 내 외모를 돋보이게 하는 셀카(Selfie), 내가 찍어 올린 멋진 사진, 나의 끼를 돋보이게 하는 릴스(Reels), 우리 제품을 널리 알릴 수 있는 숍(Shop), 24시간 365일 연결된 나만의 사서함 DM. 인스타그램 제국에서는 무엇이든 가능합니다.

소셜 미디어에 자신만의 콘텐츠를 올리는 사람을 디지털 콘텐츠 크리에이터(Digital Contents Creator)라고 하는데, 현존하는 소셜 미디어 중 크리에이터 장벽이 가장 낮으면서도 성공 가능성이 높은 채널은 인스타그램입니다. 디지털 세상에서의 성공을 꿈꾸시나요? 그럼 당장 인스타그램을 시작하십시오.

그런데 도대체 인스타그램이 무엇이기에 전 세계인이 사용하고 있는 걸까요?

인스타그램은 미국의 소셜 네트워크 서비스(Social Network Service)로 2010년 케빈 시스트롬(Kevin Systrom)과 마이크 크리거(Mike Krieger)가 만든 사진 공유 서비스입니다.

Instagram이라는 이름은 'Instant Camera'와 'Telegram'의 합성어입니다. 번역하면 '사진을 찍자마자(Instant Camera) 전보(Telegram)로 보낸다'정도겠네요. 즉, 사진을 빠르게 공유할 수 있는 서비스라는 뜻입니다. 물론 인스타그램이 처음부터 현재의 모습이었던 것은 아닙니다.

인스타그램은 애초 위치 기반 사진 공유 플랫폼으로 시작했습니다. 가령 보라카이에서 사진을 찍어 올리면 보라카이의 현재 모습을 공유할 수 있었던 거죠. 스마트폰의 GPS 기능과 사진 촬영 기능을 적극 활용한 새로운 서비스였던 겁니다. 하지만 당시 위치 기반 소셜 미디어는 포스퀘어(Foursquare)가 시장을 점유하고 있었기 때문에, 인스타그램 창업자들은 위치 기반보다는 사진 공유에 초점을 맞추기로 했습니다. 그래서 사진을 좀 더 매력적으로 돋보이게 할 수 있는 필터 개발에 집중했지요.

인스타그램의 사진 필터는 당시 조악했던 스마트폰 사진을 더욱 감각적으로 보이게끔 만들었습니다. 이른바 '미세먼지 필터'라고 부르는 누렇고 뽀얗게 보이는 필터를 입힌 사진들이 인스타그램 감수성을 드러내는 대표적 상징이 되었지요. 아무렇게나 찍어도 감성적인 사진으로 변신시켜 주는 인스타그램에 사람들은 하나둘 관심을 갖기 시작했습니다.

인스타그램 앱 아이콘 변천사(출처: namuwiki)
인스타그램 앱 아이콘을 보면 사진 기반 애플리케이션이라는 정체성을 잃지 않고 있음을 알 수 있다.

하지만 단순히 사진을 올리기 위해 인스타그램을 이용하는 사람은 드물었습니다. 멋진 사진은 누군가에게 자랑하고 찬사를 받아야 더욱 빛을 발하기 때문이죠.

결국 사진 기반 소셜 미디어를 표방한 인스타그램은 이용자들의 사진을 자사 애플리케이션에만 등록할 수 있게 하는 것이 아니라, 당시 미국과 전 세계를 휩쓸던 페이스북(Facebook, 지금의 Meta)과 트위터(Twitter, 지금의 X)에 공유할 수 있도록 했습니다. 이로 인해 당시 가장 영향력이 컸던 소셜 미디어 페이스북에 인스타그램의 멋진 필터로 가공한 매력적인 사진들이 피드를 장식하기 시작했고. 이런 히스토리로 인해 인스타그램을 필터 앱이라고 생각하는 사람이 많았습니다. 그러나 어찌 되었든 사진으로 소통하게 한다는 점은 사람들의 마음을 끄는 요소였음에 틀림없습니다.

2012년 당시 글로벌 소셜 미디어 1위 기업 페이스북이 10억 달러에 인스타그램을 인수했습니다. 그런데 인스타그램의 매력이 페이스북에 의해 훼손될 것을 우려했기 때문일까요? 그로부터 꽤 오랫동안 인스타그램은 페이스북과는 별개의 독립적인 서비스를 유지하며 영향력을 키워왔습니다. 또한 인스타그램의 성공 신화는 제2의 인스타그램이 되고자 하는 많은 유료 필터 앱을 양산하는 계기로 작용했죠.

초창기 인스타그램은 정사각형 사진 1장만 등록할 수 있었습니다. 하지만 페이스북을 통해 유입된 이용자들이 증가하고, 카드뉴스처럼 스토리를 담은 다량의 이미지를 동시에 볼 필요성이 대두함으로써 현재는 한 게시물에 최대 10장, 계정에 따라서는 20장까지 사진과 영상을 등록할 수 있게 되었습니다. 인스타그램의 매력에 빠진 10대들의 유입이 늘면서, 당시 미국 10대들에게 유행하던 스냅챗(Snapchat)의 인스턴트 게시물을 모방해 24시간만 유지되는 스토리도 도입했죠. 현재는 페이스북의 라이브 기능, 아웃링크(외부의 URL을 등록하는 것)가 가능한 스티커 도입 등을 거쳐 틱톡(TikTok)과 경쟁하는 릴스(Reels)까지 이용자들의 아이디어를 표현할 수 있도록 다양한 기능을 추가하며 성장해왔습니다. 그야말로 콘텐츠 백화점이라고 할 수 있죠.

2024년 1월 인스타그램 월간 이용자수(Monthly Active User)는 24억 명에 달하며, 매일 5억 명이 사용하고 있습니다.[1] 이는 전 세계 인터넷 사용자의 45.28%가 매달 1회 이상 인스타그램을 이용하고, 우리 역시 24억 명과 언제든 소통할 수 있다는 걸 의미합니다. 진정한 디지털 사회, 메타버스 세상이 인스타그램으로부터 시작되고 있는 것입니다.

인스타그램과 다른 SNS의 차이점

인스타그램에는 여느 SNS와 다른 독특한 차별성이 있습니다. 반드시 사진이나 영상을 등록해야 한다는 것이죠. 의견만 등록하고 싶더라도 반드시 커버 이미지가 필요한 것인데요, 이는 사진을 바탕으로 자신의 일상과 감정을 공유하는 인스타그램의 독특함이 반영된 결과입니다.

사람들은 텍스트보다 비주얼, 곧 이미지로 정보를 전달할 때 상대적으로 더 빠르게 인지하고 오래 기억합니다. 한 연구 결과에 따르면, 어떤 정보를 언어로 접했을 때 72시간 후 기억하는 정보의 양은 전체의 10%에 불과하지만, 여기에 이미지를 추가하면 무려 6.5배나 증가한 65%를 기억한다고 합니다. 이는 텍스트의 글자 하나하나가 규칙성을 띤 개별 이미지로 인식되어 하나의 이미지로 보는 것보다 처리와 저장에 오랜 시간이 걸리기 때문이라네요.[2]

즉, 문자를 기반으로 하는 블로그나 페이스북, X(트위터)보다 인스타그램이 훨씬 정보를 받아들이기 편하고 오래 기억될 수 있다는 의미입니다. 또한 재생 시간만큼 기다려야 재미와 유용함을 판단할 수 있는 롱폼 영상 콘텐츠에 비해, 이미지와 한두 줄의 본문만 살짝 보여주는 인스타그램의 피드 방식은 내가 보고자 하는 걸 빠르게 파악하고 선택할 수 있게 해줍니다. 같은 시간에 더 많은 콘텐츠를 선택할 수 있다는 것은 매력적인 일이죠.

---

1. Instagram Statistics-Global Demographics & Trends (2024), https://www.demandsage.com/instagram-statistics/
2. BRAIN RULE RUNDOWN, https://brainrules.net/vision/

인스타그램 피드는 내가 평소 팔로우하는 계정들의 콘텐츠—탐색 메뉴에서는 알고리즘에 의한 인기 콘텐츠—를 보여주는데, 이 모든 것이 최근 나의 관심사를 반영하다 보니 인스타그램의 알고리즘을 벗어날 수 없습니다.

유튜브는 영상만 보여주지만, 인스타그램은 사진과 영상 그리고 텍스트 모두를 보여주는 멀티 콘텐츠 환경입니다. 심지어 영상을 자세히 보기 위해 스마트폰을 90도로 회전할 필요도 없이 손가락만 움직이면 되니 무엇보다 편하죠.

인스타그램에 콘텐츠를 올리는 것은 더욱 쉽습니다. 나를 표현하기 위해 대단한 글 솜씨가 필요하지도 않습니다. 스마트폰 하나만 있으면 어떤 사진이든 찍어 현재의 나를 표현할 수 있죠. 때론 이모티콘 하나로 나의 감정을 표현하듯 사진 한 장으로 나의 일상을 표현하는 것이 가능합니다. 펜은 칼보다 강하지만 이미지는 펜보다 오래 기억됩니다.

2000년 이후 다양한 소셜 미디어 서비스가 출시되어 유행하고 있지만, 인스타그램의 이와 같은 독특함은 당분간 어떤 소셜 미디어도 모방할 수 없는 주요한 특징으로 자리 잡을 것입니다.

당장 인스타그램을 시작하자

2022년 8월, SNS를 하지 않기로 유명한 할리우드 배우 안젤리나 졸리가 인스타그램에 계정을 만들었습니다. 그녀의 계정은 개설 15분 만에 팔로워 100만 명을 돌파하고, 4일 만에 890만 명을 기록하며 세계인의 이목

을 끌었습니다.[3]

안젤리나 졸리는 인스타그램 프로필에 "Mom, filmmaker, refugee advocate, humanitarian(엄마, 영화 제작자, 난민 옹호자, 인도주의자)"라고 자신을 소개하고 있습니다. 등록한 첫 번째 게시물은 아프가니스탄 현지 10대 소녀로부터 받은 손 편지인데, 그 취지에 맞게 인스타그램 개설 의도를 이렇게 밝히고 있습니다. "현재 아프가니스탄 국민은 소셜 미디어로 소통하고 자유롭게 자신을 표현할 수 없는 상황이다. 그래서 나는 인스타그램에 그들의 이야기와 기본적인 인권을 위해 싸우는 전 세계 사람들의 목소리를 공유하려 한다."

안젤리나 졸리는 오랫동안 인권과 평화를 외쳐왔습니다. 그래서 굳이 인스타그램을 통하지 않아도 언론을 활용해 많은 이들의 관심을 끌 수 있었을 것입니다. 그럼에도 인스타그램을 직접 운영하기로 한 이유는 무엇일까요? 바로 인스타그램이 현재 가장 큰 영향력을 발휘하는 소셜 미디어이면서도 콘텐츠 제작에 들어가는 노력 대비 가장 효과적인 커뮤니케이션 수단이기 때문입니다.

이 부분은 시사하는 바가 매우 큽니다. 즉, 우리 모두가 SNS를 이용할 필요는 없지만, 만약 SNS를 시작해야 한다면 인스타그램이 가장 효과적이라는 것을 보여줍니다.

앞서 언급한 것처럼 인스타그램은 다양한 유형의 콘텐츠를 등록하는 것이 가능합니다. 글 솜씨가 없다면 스마트폰으로 사진 한 장을 찍어 올리

---

3. https://www.vogue.co.kr/2021/08/24/안젤리나-졸리가-인스타그램을-시작한-이유/

할리우드 배우 안젤리나 졸리의 인스타그램   안젤리나 졸리의 첫 게시물

거나, 메모장을 열어 이모티콘 하나만 입력하고 그걸 이미지로 만들어 등록하는 것도 가능합니다. 공개적으로 표현하는 게 두렵다면 비공개로 특정인에게만 내 콘텐츠를 노출하는 것도 가능하며, 언제든지 불특정 다수에게 나의 관심사와 비즈니스를 소개하는 것도 가능합니다. 심지어 계정개수에 제한도 없습니다. 내 관심사에 따라 여러 개의 계정을 만들어 나만의 다양한 모습을 뽐낼 수 있다는 얘깁니다.

    기회는 언제 어떤 모습으로 다가올지 모릅니다. 지금 인스타그램을 시작해 전 세계 24억 명의 사람들과 언제든 연결될 준비를 해보세요.

인스타그램 화면과 용어 알아보기

❶ 프로필 사진

프로필 사진은 110×110픽셀로 표시되지만, 320×320픽셀로 등록해야 화질이 깨지지 않습니다. 사진 등록 시 보이는 영역을 선택할 수 있으나, 이미지 사이즈가 매우 작습니다. 가능한 한 본인을 잘 드러낼 수 있는 얼굴이나 제품, 로고같이 꽉찬 이미지가 좋습니다.

인스타그램 스토리를 등록하면, 스토리가 공개되는 24시간 동안 인스타그램의 무지개색 테두리가 활성화됩니다. 라이브 방송 중일 경우에는 프로필 사진에 LIVE라는 표시가 뜨며 팔로워들에게 공개됩니다.

❷ 활동 내용

공개된 게시물 수, 팔로워와 팔로잉 수를 보여줍니다. 등록한 게시물을 삭제하거나 보관 처리하면 프로필 피드에서 사라지며, 게시물 수 역시 줄어듭니다. 팔로워는 나를 팔로잉하는 계정의 수이며, 팔로잉은 내가 팔로우 중인 계정의 수입니다. 이는 자신이 어떻게 소통하고 있는지를 보여주는 지표이므로 그 비율에 관심을 기울일 필요가 있습니다. 팔로잉보다 팔로워가 많아야 돋보인다고 생각할 수 있는데, 초기에는 팔로잉과 팔로워 수를 비슷하게 조절하는 것이 좋습니다.

❸ 프로필 소개 영역(BIO)

Profile Name은 인스타그램명으로, 계정 ID와 달리 한글로 지정 가능합니다. 하지만 피드에서는 이 이름이 보이는 게 아니므로 ID를 만들 때 가능한 한 Profile Name과 연관되도록 해주세요.
또한 최근 바뀐 알고리즘에 의해 검색 시 Profile Name에 해당 키워드가 있으면 가장 우선적으로 보여주므로 신중하게 등록해야 합니다.
Profile Name 바로 밑에 프로필 소개 글을 등록하는데, 3줄이 넘어가면 '더보기'로 숨겨집니다. 가능한 한 본인 소개는 간단하게, 필요할 경우에는 해시태그와 외부 링크, 본인이 운영하는 다른 계정을 연결하도록 합니다.

❹ 프로필 기능 영역

타인 계정에서 보이는 것과 본인 계정에서 보이는 내용이 다릅니다.

타인의 계정은 팔로잉 여부 메시지 발송, 그리고 Shop 운영 시 Shop 버튼이 활성화됩니다. 아직 팔로우 전이라면 푸른색 '팔로우' 버튼이 나타납니다.

본인 계정이라면 프로필 편집과 프로필 공유 버튼이 나타납니다. 내 프로필을 편집하거나 외부에 공유할 수 있는 기능이 활성화되고, 비즈니스 계정일 경우 '프로페셔널 대시보드'메뉴도 나타납니다.

❺ 하이라이트 영역

인스타그램에서 제공하는 스토리를 모아서 볼 수 있는 기능입니다. 이 메뉴에는 인스타그램 스토리로 등록된 콘텐츠만 올릴 수 있습니다. 인스타그램 스토리는 24시간만 공개되는 제약이 있는데, 24시간 이후에도 계속 노출되길 원할 경우 하이라이트에 보관해 관리할 수 있습니다.

하이라이트 생성 개수는 제한이 없지만, 각 하이라이트에는 영상과 사진을 최대 100개까지만 저장할 수 있습니다. 하이라이트가 너무 많으면 관리하기 어렵고 자칫 계정이 지저분해질 수 있습니다. 하이라이트는 10개 이내, 하이라이트별 콘텐츠는 30개 이하로 제한해 관리하는 것이 좋습니다.

❻ 콘텐츠 유형 선택

⊞는 게시물 보기입니다. 이미지, 릴스 상관없이 모든 유형의 콘텐츠를 볼 수 있습니다. 단, 계정 주인이 직접 올린 콘텐츠(리그램 포함)만 나타납니다.

▶는 영상만 모아서 볼 수 있습니다. 릴스와 일반 영상 구분 없이 계정 주인이 직접 올린 모든 유형의 영상 콘텐츠를 보는 게 가능합니다.

▣는 다른 사람이 계정 주인을 언급한(태깅한) 콘텐츠를 볼 수 있습니다. 설정에서 별도로 태그 기능을 막지 않는 한 인스타그램 팔로우 여부와 상관없이 누

구나 태그 가능합니다. 혹시 부정적 내용에 언급되지 않았는지 모니터링할 필요가 있습니다.

❼ 콘텐츠 영역

콘텐츠가 보이는 영역입니다. 게시물 보기의 경우 161×161픽셀의 정사각형 섬네일이 한 줄에 3개씩 노출됩니다. 이를 활용해 피드를 모자이크로 꾸미는 계정도 있습니다.

릴스 영역의 경우, 영상의 실제 사이즈와 상관없이 9:16 비율로 바뀌어 가로로 3개씩 노출됩니다.

❽ 메뉴 영역

⌂을 누르면 홈 영역으로 이동할 수 있습니다. 아래에 빨간 점이 보이면, 내가 아직 확인하지 않은 콘텐츠가 있다는 뜻입니다.

Q는 탐색(explore) 메뉴입니다. 돋보기 메뉴라고도 부릅니다. 추천 콘텐츠와 인기 콘텐츠를 볼 수 있으며, 원하는 콘텐츠가 없을 경우 검색을 통해 찾을 수 있습니다.

⊕를 누르면 게시물을 바로 등록할 수 있습니다. 일반 사진, 스토리, 릴스, 라이브 등 모든 유형의 게시물이 등록 가능합니다.

▶는 릴스만 볼 수 있습니다. 탐색 메뉴의 추천 릴스보다는 현재 좀 더 인기 있는 릴스 위주로 감상할 수 있습니다.

◉는 내 프로필입니다. 클릭 시 내 프로필로 이동하며, 빨간 점이 보이면 내가 확인하지 않은 내 활동이 있다는 뜻입니다. 즉, 게시물에 누군가 댓글을 남겼거나 '좋아요'를 눌렀다는 얘깁니다.

❾ 알림 메뉴

알림 메뉴는 인스타그램 우측 상단에 위치하며, 빨간불이 들어와 있으면 확인하지 않은 새로운 활동이 있다는 걸 뜻합니다.

♡는 내 인스타그램 게시물과 프로필에 새로운 활동이 있다는 뜻입니다.

▽는 DM(Direct Message)이며 1:1 대화 메뉴입니다. 빨간불이 들어와 있으면 누군가 내게 메시지를 보냈다는 얘깁니다.

△는 다른 사람의 프로필에서 볼 수 있는 메뉴로, 해당 계정의 활동(게시물, 스토리, 릴스, 공지, 방송)에 대한 알림 받기 설정을 할 수 있습니다.

인스타그램 이미지 사이즈

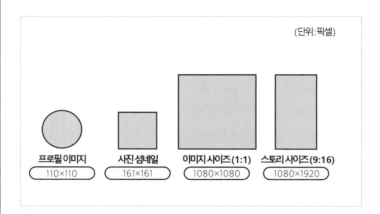

(단위:픽셀)

| 프로필 이미지 | 사진 섬네일 | 이미지 사이즈(1:1) | 스토리 사이즈(9:16) |
| 110×110 | 161×161 | 1080×1080 | 1080×1920 |

인스타그램 콘텐츠 유형별 사이즈

	기본	비율
프로필 섬네일	110×110	1:1
프로필 등록	320×320	1:1
풍경 사진(가로)	1080×608	1.91:1
인물 사진(세로)	1080×1350	4:5
일반 사진(정사각형)	1080×1080	1:1
스토리	1080×1920	9:16
릴스	1080×1920	9:16

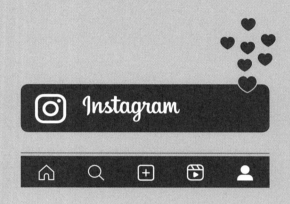

2

인스타그램
기초 닦기

저자의 강의를 들으며 읽어보세요!

인스타그램 계정을
만들어보자

인스타그램 콘셉트 잡기

인스타그램을 시작하기로 했다면, 어떤 목적과 콘셉트로 운영할 것인지 계획을 세워야 합니다.

만약 인스타그램 이용 목적이 고양이나 강아지 릴스를 보고, 유명인의 일상을 보기 위한 거라면 계정만 개설하는 것으로 충분합니다. 하지만 우리의 목적은 24억 명의 사람들에게 내가 어떤 사람이라는 걸 보여주는 데 있습니다. 그러려면 좀 더 명확한 콘셉트가 필요하겠죠?

concept는 라틴어 conceptus에서 기원한 단어로, con(여럿을 함께)과 cept(잡다, 취하다)의 합성어입니다. 즉, 여러 가지 의미를 하나로 묶어서 표현한다는 뜻이지요. 인스타그램에서 콘셉트를 잡는다는 것은 사람들에게 나를 가장 간단하고 명확하게 표현하는 '나다움'을 설정한다는 얘깁니다.

이 콘셉트는 느낌일 수도 있고, 단어일 수도 있고, 문장일 수도 있습니다. 가령 콘셉트가 명확하다면 사람들이 피드에서 나의 콘텐츠를 보았을 때 '아, 이건 당써인의 게시물이구나' 또는 '당써인스러운데?' '이런 콘텐츠는 당써인에 가면 있겠지' 하고 떠올릴 수 있어야 합니다.

회원제 창고형 마트 '코스트코'의 상품을 소개하는 '코코보이'라는 디지털 크리에이터가 있습니다. 코코보이는 주변의 많은 소재들 중 코스트코에 관한 정보만을 전달하는데, 인스타그램 아이디와 프로필을 모두 코스트코가 연상되도록 제작했습니다. 여기까지는 유사한 주제를 다루는 대부분의 계정과 같죠. 하지만 이 계정은 2년 동안 꾸준히 한 가지 콘셉트의 콘텐츠와 운영 방식을 고수하고 있습니다.

코코보이는 '이번 주 추천 상품' '할인 상품 정보' '코스트코 제품 리뷰' '코스트코 소식'이라는 4가지 소재를 각각의 소재마다 동일한 콘셉트의 릴스 또는 카드뉴스로 제작합니다.

우선 릴스 커버 이미지에 '코스트코 신상 모음 ZIP' '00월 00주차 이번 주 코스트코에 가야 하는 이유'라는 명확한 정보를 주고 ICONIX의 노래 〈Roarsome Lion〉 중 "사자 사자"가 반복되는 구간만 활용해 릴스를 제작했습니다. 중독성 있는 배경음악, 제품과 가격 정보만 보여주는 릴스 영상을 꾸준히 올려 2년간 광고 없이 5만이라는 팔로워를 모았죠. 지금은 해당 마트 관련 키워드를 검색하면 추천 콘텐츠로 상시 우선 노출되는 성공한 계정으로 자리 잡았습니다.

코코보이 운영 콘셉트

코스트코 세일 상품 추천을 콘셉트로 운영하는 코코보이

콘텐츠별 배경음악과 릴스 구성을 동일하게 유지하며 명확한 주제로 신뢰성을 확보한 코코보이

코코보이의 콘셉트는 '4인 가족 기준 알뜰하게 코스트코를 활용하면서 신나게 쇼핑한다'입니다. 코스트코의 모든 신상품과 할인 상품을 일괄 홍보하는 게 아니라, 아이를 동반한 가족을 기준으로 간식과 생필품 정보 위주로 5~7개 이내로만 선별해서 소개합니다. 일종의 온라인 '쇼핑 가이드'라고 할 수 있습니다.

코스트코코리아 공식 계정의 팔로워보다 코코보이의 팔로워 수가 더 많은 것을 보면 단연코 해당 카테고리의 No.1이라고 할 수 있습니다. 이 계정은 4명의 가족이 함께 운영하고 있는데, 최근에는 자녀의 목소리를 학습한 AI 보이스를 활용해 콘텐츠 제작 속도는 물론 퀄리티까지 모두 확보했습니다. 이 역시 기존 콘셉트가 명확하기에 가능한 사례입니다.

인스타그램 운영에 필요한 콘셉트 설정은 크게 3가지로 나눌 수 있습니다.

국밥만 리뷰하는 궁물리스트

1. 주제별 콘셉트

게시물을 한 가지 주제로 통일하는 것을 말합니다. 예를 들면, 앞서 언급한 코코 보이처럼 특정 대형 마트 하나로 주제를 통일할 수도 있습니다. 이때 주제는 좁을 수록 좋습니다. 주제를 좁힐수록 인스타 그램 알고리즘에서 해당 내용을 찾는 사 람들에게 더 효과적으로 노출되니까요.

한 가지 주제만을 다루면 처음엔 금방 소재가 떨어지지 않을까 고민 스러울 수 있습니다. 하지만 주제를 좁힐수록 오히려 콘텐츠 제작은 쉬워 집니다. 내가 무엇을 이야기해야 하는지, 무엇을 소개해야 하는지 정확히 알고 있기 때문입니다.

가령 메이크업을 다룬다면 아이돌 메이크업, 소개팅 메이크업, 데일 리 메이크업 등으로 주제를 좁힐 수 있습니다. 음식 리뷰를 한다면 편의점 PB 제품, 국밥, 면 요리 등으로 주제를 한정해 해당 인스타그램에서 어떤 내용을 전달하는지 명확히 해야 합니다.

주제는 내가 꾸준하게 올릴 수 있는 것이어야 합니다. 반짝하는 인기 보다는 사람들이 궁금해하는 내용이 좋습니다. 또한 주제 관련 정보를 쉽 게 확보할 수 있는 본인만의 노하우가 있어야 합니다. 모두가 궁금해하지만 지속적으로 관련 정보를 얻기 힘든 주제는 콘셉트를 유지하기가 쉽지 않습니다. 본인의 직업, 취미, 관심사, 환경 등에서 최소 6개월 이상 관련 콘텐츠를 확보할 수 있어야 합니다.

주제별 콘셉트를 잡을 때 유용하게 활용할 수 있는 것이 '키워드'입니다. 우선 내가 올리려는 주제의 연관 검색어를 확인합니다.

내 관심사로 주제를 선정하고 싶다면 '키워드 마스터' 같은 사이트에서 관련 키워드를 검색해보세요. 아래는 '카페'로 검색한 결과입니다. 인터넷 커뮤니티 관련 키워드를 제외하면 '지역명＋카페'에 관한 키워드가 다수 보입니다. '카페 음악'관련 키워드도 눈에 띄고요.

특정 지역이 아닌 '동네 카페'로 주제를 좁혀볼까요? '동네 카페'로 재검색하면 '24시간' '작은' '맛집' '케이크' 같은 키워드가 보입니다. 만약 카페 관련 주제를 선정한다면 '동네 24시간 카페'나 '케이크가 맛있는 카페'로 좁혀 지역별로 등록하는 인스타그램 운영을 기획해봐도 좋을 것 같습니다.

2. 디자인 콘셉트

인스타그램은 사진 기반의 소셜 미디어입니다. 그만큼 디자인 콘셉트가 계정 성공을 좌우한다고 볼 수 있죠.

디자인 콘셉트는 주제를 가장 잘 표현할 수 있으면서 본인이 제작 가능한 범위로 정해야 합니다. 사진 기반 소셜 미디어이니 멋지고 아름다운 사진을 올리겠다고 생각하는 것은 좋습니다. 하지만 콘셉트는 계정을 버리거나 아예 새롭게 시작하지 않는 이상 계속 유지해야 하는 팔로워와의 약속입니다. 따라서 본인이 지속적으로 유지 가능한 수준이어야 합니다.

디자인 콘셉트는 보이는 느낌을 비슷하게 맞추는 거라고 생각하면 됩니다. 쉽게는 콘텐츠의 색채를 비슷하게 하거나 사진의 구도를 동일하게 하는 방법이 있습니다. 또는 프로필에 들어왔을 때 보이는 콘텐츠 순서를 맞춰 통일감을 주거나 하나의 브로슈어처럼 만들 수도 있습니다.

이럴 때 유용하게 활용할 수 있는 방법이 있는데, '무드보드(mood-board)'가 바로 그것입니다. 무드보드란 폰트, 이미지, 분위기, 텍스처(질감),

로고 배치 등을 하나로 통합할 수 있게끔 한 장으로 표현하는 콘셉트 기획서를 말합니다. 과거 디자이너들이 디자인의 일관성을 위해 많이 사용했는데, 최근 소셜 미디어의 시각적 통일성이 중요해지면서 일반인도 많이 활용하고 있죠.

　다음의 예시처럼 색감을 어떻게 할 것인지, 주제에 따라 느낌을 어떤 식으로 가져갈 것인지 미리 구성해보면 계정이 깔끔하고 전문적으로 보일 겁니다. 아래는 따뜻한 베이지색 느낌으로 무드보드를 구성한 것인데, 주로 목가적인 분위기나 라이프 관련 주제를 다룰 때 많이 사용하는 색감입니다. 차분하고 고급스러워 인스타그램에서 선호하는 무드이기도 합니다.

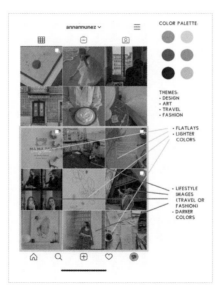

인스타그램 무드보드 예시 (출처: cheznunez.com)

@milkyway_nightscape의 blue-purple
mood 은하수 콘셉트

@milkywaychasers의 yellow-green
mood 은하수 콘셉트

또 다른 예시는 똑같이 은하수를 주제로 다루는 해외 사진작가 2명의 인스타그램입니다. 은하수를 촬영해 운영한다는 공통점이 있지만 @milkyway_nightscape의 피드는 푸른빛이, @milkywaychasers의 피드는 노란빛이 주요 콘셉트라 분위기가 다릅니다. 이런 시각적 콘셉트는 같은 주제 안에서도 '차별화'할 수 있는 나만의 무기가 될 수 있습니다.

3. 톤앤매너 콘셉트

톤앤매너는 앞서 말한 주제와 디자인을 아우르는 운영 방법입니다. 간단하게는 말투와 자세, 표현 방식이라고 할 수 있죠.

41

- 존댓말: 정중하고 친절한 느낌을 주지만 거리감이 느껴질 수 있음
- 반말: 친근하고 편한 느낌을 주지만 상대에게 불쾌감을 줄 수 있음

말투는 톤앤매너의 기본입니다. 나이와 서열에 따른 거리감을 중요하게 생각하는 한국인에게는 존댓말이 가장 편한 톤앤매너 방식입니다. 존댓말은 낯선 상대에게 편안함과 함께 콘텐츠에 대한 신뢰를 줄 수 있습니다. 하지만 그만큼 거리감이 느껴지기 때문에 주로 상업적인 계정이나 공식 계정에서 많이 사용합니다.

그러나 존댓말에도 친절함이 느껴지는 어법이 있고, 불필요한 잔소리처럼 느껴지는 어법이 있죠. 잔소리처럼 느껴지는 존댓말은 주로 권유나 본인의 의견을 고집할 때 많이 발생합니다. 따라서 가능한 한 꼭 필요한 말만 하는 것이 좋습니다.

반말은 MZ세대가 운영하는 계정에서 흔히 볼 수 있습니다. 반말 운영의 장점은 친근함과 재미에 있습니다. 반말을 사용하는 계정은 팔로워를 자신과 동등한 친구라고 생각합니다. 즉, 권위를 내려놓은 방식이죠. 그만큼 초기 성장에는 장점이 있지만, 자칫 타인과의 경계를 쉽게 넘을 수 있어 조심해야 합니다. 만약 계정 주인의 나이가 많다면 더더욱 반말 운영을 조심해야겠죠. 또한 반말 운영을 하더라도 타인의 계정 댓글에까지 반말로 호응하는 건 바람직하지 않습니다. 내 플레이 그라운드에서만 톤앤매너를 유지하길 권합니다.

카드뉴스나 정보형 콘텐츠를 전달할 경우에는 이미지와 캡션의 톤앤

전라도 사투리 번역 콘셉트로 톤앤매너를 유지하는
@moonyusung_

매너를 맞추는 것도 중요합니다. 하지만 이미지에 들어가는 문구는 최대한 간결해야 하므로 음슴체나 반말을 사용하고, 캡션에서 해당 내용을 풀어주는 것이 좋습니다. 또한 이미지는 고급스러운데 캡션이 친근하거나, 이미지는 친근하거나 단순한데 캡션이 너무 정중한 것도 좋지 않습니다.

일상을 올리는 계정은 혼잣말 톤앤매너를 유지하는 경우가 많은데, 이럴 때는 댓글에 달린 팔로워와의 대화 방식을 어떻게 유지할지 고민해 봐야 합니다.

톤앤매너는 한 번 정하면 쉽게 바꿔선 안 됩니다. 계정의 정체성이기 때문에 가능한 한 처음 정한 방식을 유지하는 게 좋습니다. 다만 사건 사고나 공식적인 내용을 다루어야 할 때는 정중함을 잃지 말아야 합니다.

문유성(@moonyusung_)은 전라남도 광주에서 음식점을 운영하는 분이 운영하는 계정입니다. 생활 속 언어를 광주 사투리로 소개하는 콘셉트죠. 릴스 영상은 "전라도 사람들은 OOO라고 하지 않습니다" 하며 서두를 던지고, 바로 전라도 사투리로 OOO를 번역하며 끝을 맺습니다. 캡션에서도 불필요한 소개나 스몰 토크 없이 "오늘의 언어: OOO"라고만 안내합니다. 그 외의 잡담과 소통은 댓글을 남긴 사람하고의 대댓글로만 이어갑니다.

그는 사람들에게 자신이 거주하는 지역의 매력을 재미있게 소개하며 개인 브랜딩을 운영하는 사업체와 연결하고 있습니다. 해당 지역에 방문할 일이 생긴다면 친근함으로 기억되는 해당 매장을 먼저 방문하고 싶겠죠. 이것이 바로 톤앤매너입니다.

주제, 디자인, 톤앤매너에 대한 콘셉트를 잡을 때, 디자인씽킹에서 말하는 콘셉트의 5가지 속성을 참고하면 도움이 됩니다.[4]

1. 독창성(Unique)

콘셉트의 독창성은 세상에 존재하지 않는 유일무이한 것을 의미하지 않습니다. 남들과 차별되는 단 하나의 명확한 특이점을 말합니다. 계정을 만들 때 무조건 남들과 달라야 한다는 강박을 가질 필요는 없습니다. 실제로 많은 계정이 유사한 사례를 참고하는데, 그 많은 요소 중 나만의 특이

---

4. "콘셉트의 공식, 더하지 말고 빼보라"(DBR 266호, 2019년 2월, 김철수). https://dbr.donga.com/article/view/1203/article_no/9002/ac/magazine

점을 찾아내는 것이 중요합니다.

2. 구체성(Concrete)

콘셉트는 팔로워나 추천 콘텐츠를 본 유저에게 정보를 어떻게 전달할지 구체적으로 기획해야 합니다. 그러나 구체적이어야 한다고 해서 상세한 콘텐츠 기획을 모두 갖추란 얘긴 아닙니다. 예컨대 단순히 '대형 마트 신상품을 소개한다'가 아니라 'C마트의 신상품 중 3인 이상 가족에게 필요한 정보만 신나게 매주 1회 전달한다'와 같은 구체성을 의미합니다. 팔로워도 구체적인 콘셉트를 가진 계정을 접했을 때 그걸 계속 구독할 마음이 생길 것입니다.

3. 단순성(Simple)

구체성에 매몰되면 단순함이 사라집니다. 하지만 앞서 언급한 것처럼 콘셉트란 한마디로 나를 표현하는 '~다움'입니다. 레오나르도 다빈치는 "단순함은 궁극의 정교함이다"라고 했는데, 이 말처럼 구체적인 콘셉트는 매우 단순합니다. 필요한 모든 것을 담고도 더 이상 뺄 수 없는 한 문장 또는 한 단어입니다. A도 되고 B도 되는 것이 아니라, 하나로 표현되는 단순함을 잃지 않도록 주의해야 합니다.

4. 가치성(Valuable)

콘셉트는 명확한 고객 가치(Customer Value)를 담고 있어야 합니다. 즉 "내가 원하는 게 바로 이거였어!" 하고 감탄할 수 있어야 합니다. 하루에도 수

만 개씩 생성되고 사라지는 인스타그램 계정들 사이에서 팔로워에게 가치 있는 콘텐츠여야 살아남을 수 있습니다. 이는 반드시 유용한 정보만을 의미하는 게 아닙니다. 공감할 수 있는 내용, 욕망을 자극하는 내용으로도 팔로워에게는 가치가 있습니다. 상업적 계정을 운영하고자 한다면 내 이야기만 할 것이 아니라, 고객한테 내 계정이 어떤 가치를 줄 수 있는지 사전에 고민해야 합니다.

5. 구현 가능성(Feasible)

반드시 실현 가능한 아이디어여야 합니다. 내가 우주에 관심이 있다고 해서 우주로 나아갈 수는 없습니다. 지금 내가 매일 꾸준히 6개월 이상 일정한 퀄리티의 콘텐츠를 생산해낼 수 있는 주제와 디자인 그리고 톤앤매너여야 합니다. 구현하기 어려운 콘텐츠를 성공해낸다면 일시적으로는 팔로워의 환호를 얻을 수 있겠지만, 그런 내용을 지속적으로 등록하지 못하면 금방 잊히고 말 것이기 때문입니다.

　자, 지금 당장 인스타그램 콘셉트를 세워보세요. 당신은 어떤 인스타그램을 운영하고 싶나요?

누구나 할 수 있는 인스타그램 운영 방식 5가지

인스타그램을 어떻게 운영해야 할지 모르겠다면, 다른 인스타그래머들이 많이 사용하는 방식을 참고할 수 있습니다. 다음은 인스타그램 초보자들이 쉽게 도전할 수 있는 5가지 방식의 운영 사례와 대표 키워드 해시태그입니다.

1. 일상 올리기

#OOTD #dailylook #daily #오운완 #미라클모닝 #도시락 #일상 #루틴 #기록 등과 같은 해시태그를 통해 매일 자신의 일상을 올리는 사람들을 만날 수 있습니다.

이렇게 개인의 일상을 공유하면서도 성공적으로 계정을 성장시킨 사람들의 공통점은 일상 속에서 본인이 꾸준히 할 수 있는 소재를 찾아 편집해 올린다는 것입니다. 일상을 마구잡이로 올려서는 결코 성공할 수 없습니다.

또한 일반적으로 성공하는 콘텐츠의 공통점은 '공감'과 '유용함'에 있습니다. 일상을 올리는 것은 이 중 공감을 이끌어내기에 가장 좋은 방법입니다. 하지만 모든 사람의 공감을 산다는 것은 사실상 불가능에 가깝습니다. 공감이란 공통점을 발견하고, 나와 비슷하다고 느껴야 생기는 감정이기 때문입니다. 게다가 단순히 사람들이 비슷하다고 느껴서는 팔로잉을 이끌어낼 수 없습니다. 나와 비슷하지만 조금은 나은, 그래서 내가 따라 하고 싶을 때 공감을 넘어선 팔로잉이 발생합니다.

우리는 무언가를 꾸준하게 하는 사람을 통해 자극받고, 본인 또한 꾸준함을 통해 성장할 수 있습니다. 인스타그램에 나의 일상 중 꾸준히 할 수 있는 소재를 올려 기록과 성장이라는 두 마리 토끼를 잡아보세요.

매일 자신의 도시락을
기록하는 직장인 soo_3.15

무심코 지나치는 거리 풍경을
기록하는 사진작가 우디

2. 정보 올리기

#꿀팁 #추천템 #추천 #레시피 #recipe #정보처럼 나만의 노하우를 올리는 것은 언제나 흥행하는 소재입니다.

노하우는 정답이 있는 게 아닙니다. 사람마다 중요하게 생각하는 포인트가 다르기 때문에 같은 정보라도 누가 어떤 식으로 올리느냐에 따라 콘텐츠 성공 여부가 갈립니다. 해당 분야에서 따라올 자가 없는 충분한 경력을 보유했거나, 아예 의외성 있는 사람이 전달할 때 그 효과는 배가됩니다. 가령 살림을 못 할 것 같은 남성이 전달하는 노련한 살림 노하우를 예로 들 수 있습니다.

만약 당장 공개할 노하우가 없다면 매일매일 뉴스를 검색해 생활 정보를 수집·전달하는 방법도 있습니다. 이 경우에는 그냥 잡다한 정보를 전달하는 것보다, 누구한테 필요한 정보인지 타깃을 명확히 잡으면 성공할 가능성이 높습니다.

자취생을 위한 살림·생활 정보를
올리는 자취생으로 살아남기

살림 노하우를 남자의
시점에서 공유하는 살림가장

3. 가게 홍보하기

#맛집 #홍대맛집 #산지직송 #영업시간안내 #강남미용실 #원데이클래스 #공방

같은 해시태그를 보면 소상공인들의 인스타그램 내 홍보 활동이 매우 활발하다는 것을 알 수 있습니다.

중소벤처기업부에서 발표한 자료에 의하면[5] 2023년 연간 신규 창업 중 숙박·음식업종은 전년도에 비해 약 8.1% 증가했습니다. 이는 코로나19 이후 억눌렸던 소비 활동이 폭발적으로 방출된 펜트업 효과(Pent-up Effect)[6] 덕분인데, 특이하게도 오프라인 활동이 활발해질수록 코로나19 팬데믹 기간 동안 익숙해진 디지털 활동도 함께 늘어났습니다. 특히 실패를 경험하고 싶어 하지 않는 MZ세대의 경향까지 가세해 인스타그램을 통한 간접 경험과 추천에 의존하는 경향이 더욱 커졌죠. 《트렌드 코리아 2024》에서는 이를 디토(Ditto) 소비라고 부릅니다. 가게들은 자신의 상품이 인스타그램에서 더욱 가치 있어 보이길 원하며, 소비자

할인 정보와 매장 소식을 빠르게
전달하는 금성관 나주곰탕

매일 그날의 스시 라인업을
공개하는 스시유나

또한 콘텐츠를 통해 가치를 판단한 후 다른 단계로 이동할 필요 없이 즉시 그 가게와 연결해 궁금증을 해결하려 합니다. 가게에 대한 기본 정보부터 현재 행사 중인 내용, 나아가 DM을 통한 주문과 예약까지 원스톱으로 해결할 수 있다는 것은 인스타그램의 특징이자 장점이라고 할 수 있죠.

4. 개인 브랜딩하기

#퍼스널브랜딩 #변호사 #엄마표영어 #강사스타그램처럼 본인의 직업과 전문성을 드러내는 콘텐츠도 좋습니다.

인스타그램 속 전문직 종사자들은 본인의 전문성을 드러내는 정보를 제공하거나 업무 성과를 게재함으로써 퍼스널브랜딩을 만들어냅니다. 과거에는 TV 같은 대중매체를 통해 선택된 일부만이 유명세를 탈 수 있었죠. 하지만 이제는 인스타그램 같은 SNS를 통해 누구나 능력만 있으면 이름을 날릴 수 있는 세상입니다. 최근 인스타그램 개인 브랜딩에 적극적인 분야는 법률, 교육, 살림, 요리, 뷰티 등입니다. 이들은 꾸준히 등록한 콘텐츠를 통해 각종 강연, 출판, 협업의 기회를 창출해냅니다. 특히 변호사들은 일반인이 쉽게 이해하기 어려운 판례를 스토리텔링 형태로 제공함으로써 유사 사례로 고민 중인 이들에게 도움을 주는 한편 추가 의뢰까지 받아냅니다. 〈유퀴즈 온 더 블록〉에 출연한 최유나 이혼 전문 변호

---

5. 2023년 연간 창업 기업 동향(대한민국 정책 브리핑, 중소벤처기업부, 2024. 02.29). https://korea.kr/briefing/pressReleaseView.do?newsId =156618074
6. 펜트업 효과: 수요와 공급의 경제 원칙에서 발생하는 현상으로, 소비자의 구매 욕구나 수요가 경제 불황, 재난, 전염병 발생 같은 상황에서 억제 상태에 있다가 상황이 호전되는 특정 시점에 갑자기 폭발적으로 급증하는 것. 흔히 '보복 소비'라고도 한다.

사는 직접 진행한 이혼 소송 사례를 웹툰으로 등록해 인스타그램 신(Scene)에서 변호사 웹툰 시대를 열기도 했습니다.

blsn_02라는 직관적인 네이밍의 변리사 김형준 님도 유명합니다. blsn(변리사님)은 코로나19로 인해 업무량이 줄어들자 인스타그램을 통해 상표권 등에 대한 웹툰을 재미있게 작성해 올렸는데, 그 덕분에 현재 대한민국에서 가장 유명한 변리사가 되었습니다. 인스타그램을 통한 홈스쿨링 영어 학습 콘텐츠로 방과 후 영어 강사에서 EBS 영어 강사로 유명세를 타고 컨설팅 사업까지 운영하게 된 효린파파 역시 개인 브랜딩에 성공한 사례라고 할 수 있습니다.

직접 그림과 사례를 소개하여
변리사의 업무를 보여주는 변리사님

홈스쿨링에서 활용할 수 있는
영어학습 정보는 제공하는 효린파파

5. 솜씨 뽐내기

#그림스타그램 #인형옷만들기 #손글씨 #홈베이킹 같은 취미 관련 콘텐츠도 인스타그램에 최적화된 소재라고 할 수 있습니다.

우리 주변엔 뛰어난 솜씨로 '금손'이라고 불리는 사람들이 많습니다. 대부분 비전공자이지만 정규 코스를 밟은 전공자 못지않은 실력을 갖고 있죠. 인스타그램이 등장하기 전 그들의 능력을 뽐낼 수 있는 플랫폼은 관련 커뮤니티나 블로그 정도였습니다. 하지만 인스타그램의 등장과 함께 불특정 다수에게 노출될 수 있는 기회를 얻었습니다.

직접 만든 doll 의상을 선보이는 aoi

코바늘로 만든 각종 소품을 자랑하는 이브

53

그들은 인스타그램을 통해 그림, 공예, 요리 등 자신의 창작품을 선보이며 취미가 부업을 넘어 본업이 되는 파이프라인을 구축하기도 합니다. 또한 제약 없는 자유로운 표현으로 꾸준히 공감받고 트렌드를 이끌어갑니다. 인스타그램에서 금손으로 이름난 사람들은 더 나아가 광고계나 문화·예술계와 협업할 기회를 만들기도 합니다.

그러나 모든 금손이 유명해지길 원하는 것은 아니죠. 대부분의 인스타그램 금손은 대중적 인기보다는 팔로워들과의 우호적 관계 속에서 자유롭게 창작활동을 이어가고 싶어 합니다. 팔로워들과 별도의 커뮤니티 세계를 구축하면서 말입니다. 유사 카테고리의 다른 금손들과 교류하며 정보를 교환하고, 맞춤형 제작으로 생계를 꾸리기도 합니다. DM과 공지 채널은 그들의 강력한 영업 무기입니다.

인스타그램 계정 만들기

이제 인스타그램을 직접 만들고 세팅해볼 차례입니다. 인스타그램 계정은 만 14세 이상이면 누구나 만들 수 있습니다. 원칙적으로는 최대 5개까지 생성 가능합니다. 하지만 단순히 관리하는 게 목적이라면 그 이상을 운영할 수도 있습니다. 물론 계정 생성에 필요한 이메일과 전화번호 같은 인증은 별도로 해야 합니다.

먼저 앱스토어 또는 플레이스토어에서 인스타그램 앱을 다운로드받습니다.

구글 플레이스토어의 인스타그램

애플 앱스토어의 인스타그램

가입은 인스타그램 앱 또는 Instagram.com에서 모두 가능합니다. 이미 페이스북, 인스타그램 계정이 있는 경우는 기존 계정과 연결해 신규 인스타그램계정을 만들 수도 있습니다.

〈계정 가입 방법〉

1. 앱 또는 웹에서 '새 계정 만들기'를 선택합니다.

앱에서 '새 계정 만들기'를 선택한 화면

2. 앱으로 가입하는 경우, 이메일 주소 또는 휴대폰 번호를 입력하고 '다음'을 누릅니다. 해당 이메일 또는 휴대폰으로 도착한 인증 번호를 입

력한 후 비밀번호와 이름을 입력합니다. 인스타그램 계정은 이메일 또는 휴대폰으로만 가입이 가능합니다. 해당 이메일 주소 또는 휴대폰 번호로 가입할 수 있는 계정은 5개가 최대입니다. 이 과정에서 부정한 방법으로 신규 계정을 여러 개 만들면 해당 이메일 주소 및 휴대폰 번호와 연결된 계정이 정지/삭제되며, 더 이상 계정 생성이 불가능하니 주의해야 합니다.

3. 해당 계정으로 자녀나 반려동물, 또는 단체 홍보와 관련된 게시물을 올리는 게 목적이라도 반드시 본인의 생년월일을 입력해야 합니다. 인스타그램은 만 14세 이하는 가입이 불가능하므로 해당 이메일 주소 또는 휴대폰 번호의 주인이 미성년자라고 판단되면 가입을 거절당합니다.

4. 다음으로, 사용자 이름을 선택합니다. 여기서 사용자 이름은 계정 ID를 말하며, 영어만 사용 가능합니다. 이미 등록된 이름이라고 나오면 '_(언더바)'나 좋아하는 숫자 등을 혼합하는 방법을 이용합니다. 이미 등록된 이름이라고 해서 내가 가고자 하는 방향과 동떨어진 ID를 사용하면 콘셉트를 잡기 어렵겠지요. ID는 나중에 변경 가능한데, 생년월일이나 개인 정보가 노출될 수 있는 요소는 피해야 합니다.

5. 계정 정보와 인증이 끝나면 개인 정보 수집 동의 및 계정 공개에 대한 동의를 한 후 가입이 완료됩니다. 수집에 동의해야 인스타그램 이용이 가능하므로 모두 동의해야 합니다. 계정 공개 여부는 언제든 바꿀수 있지만, 우리는 인스타그램을 통해 목표한 바가 있으니 '공개'로 선택합니다.

6. 가입이 완료되면 관심사와 팔로우할 사람을 선택합니다. 이 단계는 반드시 해야 하는 것은 아닙니다. 당장 팔로우할 사람이 없다면 '다음에하기'를 눌러서 모든 가입 단계를 마무리합니다.

인스타그램 프로필과 계정 설정하기

가입이 완료되면 프로필과 계정 설정을 해야 합니다. 프로필은 나를 드러내는 공간입니다. 현실로 치면 가게 인테리어와 마찬가지입니다. 이름은 상호명, 프로필 사진은 간판 이미지, 소개 문구는 현수막과 홍보 문구인 거죠.

1. 오른쪽 하단의 프로필 사진을 터치해 프로필로 이동합니다. 아직 아무 것도 없는 화면입니다. 프로필을 완성하라는 안내와 함께 이름, 프로필 사진, 소개, 팔로우할 사람 등 4가지 필수 항목을 입력하라는 문구가 뜹니다. 우리는 이 과정을 거치지 않고 바로 프로필 편집을 통해 정보를 채워 넣을 것입니다.

2. 회색의 익명 이미지로 채워진 프로필 사진 아래에 '프로필 편집'이라는 메뉴가 보입니다. 이것을 터치해서 들어가겠습니다.

3. 프로필 사진: 프로필 사진은 사진 또는 아바타로 설정할 수 있습니다.
프로필 사진은 사용자 이름(ID)과 함께 모든 인스타그램 활동에서 가
장 우선적으로 보이는 요소이므로 나를 가장 잘 표현할 수 있는 것으
로 선택하세요.

😀 프로필 사진 선택 시 주의 사항

프로필 사진은 인스타그램에서 나의 얼굴입니다. 하지만 110×110픽셀로 매우 작게
보이고 확대도 되지 않는 한계가 있습니다. 따라서 해상도 높은 선명하고 명확한 사
진을 등록해야 합니다. 다루고자 하는 콘텐츠 정보를 알 수 있는 것이라면 더욱 좋
습니다.

〈개인 브랜딩〉

1. 얼굴이 선명하게 보이도록 해야 합니다. 복잡한 것보다는 단순한 배경을 선택합니다.
2. 직업이나 특징이 명확하게 드러나는 게 좋습니다. 요리를 다룬다면 관련 소품을 착용하거나 들고 있는 것처럼요.
3. 사진이나 여행 관련 콘텐츠를 다룬다면 아름다운 풍경 또는 특별한 경험을 보여주는 것으로 등록합니다.

〈브랜드 또는 비즈니스〉

1. 브랜드 홍보로 운영할 예정이라면 고품질의 로고만 등록합니다.
2. 인지도 낮은 소상공인의 경우, 제품 이미지를 등록해도 좋습니다. 이때는 배경이 복잡한 화보보다는 제품만 선명하게 보이는 사진이 좋습니다.
3. 상호명을 부각시키고 싶다면 상호명만 타이핑한 이미지를 활용해도 좋습니다.

프로필 사진은 등록 후에도 언제든 변경 가능합니다. 하지만 사용자 이름과 더불어 가능한 한 너무 잦은 변경은 하지 않는 게 좋습니다. 처음 등록 후 피드에서 내 프로필 사진이 어떻게 보이는지 모니터링하고, 나의 개성이 가장 잘 드러나는 선명한 이미지로 선택하기 바랍니다.

4. 이름: '이름'에는 한글 또는 영어로 된 나의 닉네임, 혹은 상호명을 적습니다. 최근에는 인스타그램 알고리즘의 변화로 검색 시 이름에 포함된 키워드가 추천 항목으로 우선 표시됩니다. 또한 검색 결과의 계정 항목 역시 이름을 기준으로 나타납니다. 그러니 나를 표현할 수 있는 이름과 함께 대표 키워드를 등록합니다.

'커피'로 검색하면 이름에 커피를   이름은 14일간 최대 2번까지 변경 가능
키워드로 넣은 계정이 우선 노출

5. 성별 대명사와 성별: 성별 대명사는 she, her, he, they처럼 성별을 특
   정할 수 있는 대명사로, 국내에선 널리 쓰이지 않습니다. 성별 역시 개
   인 브랜딩을 위해 드러내야 하는 것이 아니라면 필수가 아니니 선택적
   으로 등록할 수 있습니다.

6. 소개: 프로필 사진 하단에 나타나는 계정 소개를 입력합니다. 최대 150
   자까지 등록 가능한데, 너무 길면 전달 효과가 떨어진다는 단점이 있습
   니다. 가능한 한 한두 줄의 주요 메시지 위주로 등록하는 것이 좋습니
   다. 소개에 포함된 키워드 역시 계정 검색 결과에 반영됩니다. 너무 뻔
   하지 않게 매력적인 소개 문구를 작성해봅시다. 프로필 소개는 수정 횟

수에 제한이 없으므로 자유롭게 편집할 수 있습니다.

7. 링크 추가: 인스타그램은 스토리 안에서의 스티커와 광고를 제외하면 콘텐츠 내의 외부 URL 삽입을 제한합니다. 프로필 소개에 링크를 추가해 나의 비즈니스 및 브랜드 페이지로 안내할 수는 있습니다.

프로필 링크는 최대 5개까지 등록 가능하지만 프로필에 노출되는 것은 한 개뿐입니다.

나머지는 '~외 4건'으로 표기되며 터치하면 링크 목록을 볼 수 있습니다. 이런 불편함 때문에 많은 인스타그램 이용자가 멀티링크 사이트를 이용해 자신이 소유한 다양한 채널 URL을 홍보합니다.

대표적인 멀티링크 사이트는 아래와 같습니다.

👤 **링크트리 : https://linktr.ee/**
가장 널리 쓰이는 멀티 링크 사이트입니다. 한글 지원은 되지 않습니다.
유료 버전의 경우 다양한 디자인을 활용할 수 있습니다.

👤 **리틀리 : https://litt.ly/**
국내 스타트업이 만든 사이트입니다. 한글 지원이 가능한 게 장점입니다.
유료 버전의 경우 리틀리 로고 삭제 및 분석 기능을 제공합니다.

👤 **인포링크 : https://link.inpock.co.kr/**
국내에서 운영하는 사이트로, 다양한 디자인을 적용할 수 있습니다. 알림받기를 해놓은 고객에게 업데이트 소식 등을 보낼 수 있습니다.

👤 **링크온 : https://linkon.id/**
역시 국내에서 운영하는 사이트입니다. 랜딩 페이지에 영상 삽입 등 홈페이지처럼 꾸미는 것이 가능합니다.

8. 스레드(threads) 배지 표시: 스레드는 메타에서 운영하는 텍스트 기반 소셜 미디어입니다. 인스타그래머를 위한 트위터라고 생각하면 되고, 인스타그램 계정으로만 가입할 수 있습니다.

9. 프로페셔널 계정으로 전환: 개인적 활용이 아닌 비즈니스 기회를 노리고 있다면 프로페셔널 계정으로 전환하는 것이 좋습니다.
프로페셔널 계정이 되면 게시물별 성과를 볼 수 있고 광고를 집행할 수도 있습니다.

이로써 프로필 편집이 완료되었습니다.

링크와 사진 등을 미리 준비하지 못했다고 해도 걱정하지 마세요. 이름과 사용자 이름(ID)을 제외하면 언제든 수정과 편집이 가능합니다.

이제 본격적으로 인스타그램을 사용해보겠습니다.

인스타그램에서 되는 것과 안 되는 것

인스타그램은 앞서 언급한 것처럼 지역 기반의 사진 공유를 목적으로 시작된 서비스이기 때문에 기능적 제약이 많습니다. 현재는 스토리, 릴스, Shop, 프로필 링크 등 기존에 없던 서비스를 선보일 때마다 새로운 기능을 추가하고 있지만 여전히 되지 않는 것들이 있습니다. 물론 인스타그램에서만 되는 매력적인 기능도 많지만요.

〈인스타그램에서 되는 것〉

1. 각 게시물별 좋아요 수를 숨기고 댓글을 막아둘 수 있습니다.

인스타그램에 게시물을 올리면서 불특정 다수의 반응을 기대하는 것은 굳이 인플루언서가 아니더라도 모두 동일합니다. 하지만 정성을 기울여 만든 게시물이 좋아요 수가 낮다는 이유로 외면당하면 속상하지요. 그래서 인스타그램은 게시물의 좋아요 수와 조회 수를 숨기는 기능을 제공하고 있습니다. 타인의 반응에 대한 부담감을 덜고 자신 있게 게시물을 창작해서 올릴 수 있도록 하는 인스타그램의 배려입니다.

마찬가지로 댓글 기능을 제한할 수 있습니다. 댓글이 꼭 밝혀야 하는 나의 의견을 흐릴 수 있지요. 그래서 공지성 게시물이나 누군가의 피드백이 반드시 필요한 게시물이 아닐 경우 해당 게시물의 댓글 기능을 중지할 수 있습니다.

게시물 등록 중 또는 등록 후 게시물의 우상단 햄버거 메뉴(≡)를 눌러 좋아요 수 숨기기 및 댓글 기능 해제를 실행할 수 있습니다.

게시물 등록 중 '고급 설정'을 통한 좋아요 수, 댓글 기능 해제 설정

게시물 등록 후 '수정'을 통한 좋아요 수, 댓글 기능 해제 설정

2. 등록된 이미지와 영상에 다른 사람을 태그할 수 있습니다.

타인과 함께 작업한 게시물이거나 특정인을 소개해야 하는 게시물의 경우, 캡션뿐만 아니라 콘텐츠에도 해당 계정을 태그할 수 있습니다. 태그란 콘텐츠에 정보를 추가 등록하는 것인데, 여기서 말하는 태그는 등록한 콘텐츠에 특정인의 계정을 직접 링크하는 것을 뜻합니다.

태그 대신 '언급'이라고 표현하기도 합니다. 사람 태그는 한 게시물당 최대 20명까지 등록 가능합니다. 팔로우하지 않은 계정도 등록 가능하고요.

태그를 통해 나의 콘텐츠를 홍보하고 타 계정과의 친분이나 관계를 과시하는 장점이 있으나 스팸 계정에 악용될 가능성도 있습니다. 따라서 원치 않을 경우 불특정 타인이 나를 태그하지 못하도록 설정할 수 있습니다.

사진을 여러 장 등록한 경우 각 사진마다 지정 위치에 각기 다른 계정을 태그할 수 있다

해당 계정을 태그한 게시물은 프로필의 🔲를 눌러 확인 가능하다.

3. 스토리와 라이브 방송의 경우 누가 봤는지 알 수 있습니다.

인스타그램은 기본적으로 좋아요를 누르지 않으면 누가 내 게시물을 보았는지 알 수 없습니다. 하지만 24시간 동안만 유지되는 스토리와 라이브 게시물의 경우는 조회한 사람을 알 수 있습니다.

하지만 24시간이 지나거나 방송이 종료되면 참가자를 확인할 수 없습니다.

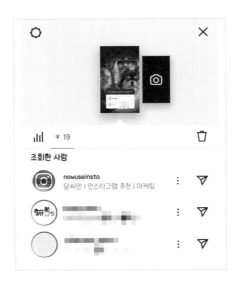

4. 대체 텍스트를 통해 이미지나 영상을 설명할 수 있습니다.

사진에 대한 추가 내용을 입력할 수 있습니다. 이는 사진을 정확히 볼 수 없어 스마트 기기의 읽어주기 기능을 이용하는 장애인을 배려하고, 네트워크가 느려 사진이 로딩되지 않는 환경에서 어떤 사진인지를 설명하는 것입니다.

인공지능이 이미지를 정확히 분석하지 못할 수도 있으니, 더 나은 검색 결과를 위해 대체 텍스트를 직접 입력할 수 있다.

이 게시물 사진에 대한 인공지능의 분석은 다음과 같다.
"photo by 도시락박사 | 직장인도시락 | 도시락일기 on February 04, 2024. May be ab image of tofu, anchovies, egg and text that says '당근라페 시금치무침 단무지무침 소고기뭇국 흑미귀리밥 구운달걀카레.'"

메타의 인공지능은 사진이 등록되면 디지털 약자도 정보를 획득하는 데 소외되지 않도록 사진을 분석해서 텍스트화해 저장합니다. 이 내용은 알고리즘에도 반영되어 노출에 영향을 끼칩니다. 가끔 해시태그나 캡션 내용이 없는데도 검색 결과에 노출되는 콘텐츠는 메타의 인공지능이 분석한 결과 해당 콘텐츠가 검색자의 의도에 부합한다고 판단했기 때문입니다.

꼭 알고리즘을 고려하지 않더라도 디지털 약자를 위해 대체 텍스트를 등록하는 것이 좋겠지요.

앞의 예시에서 도시락 이미지의 경우 로그 분석을 해보면 사진에 대한 설명이 "photo by 도시락박사 | 직장인도시락 | 도시락일기 on February 04, 2024. May be ab image of tofu, anchovies, egg and text that says '당근라페 시금치무침 단무지무침 소고기뭇국 흑미귀리밥 구운달걀카레'"라고 자동 생성된 것을 확인할 수 있습니다. 사진 속 이미지를 자체 분석하고, 삽입된 텍스트를 여기에 반영한 결과입니다. 정보성 콘텐츠의 경우 사진에 포함된 텍스트 역시 분석한다는 것을 알 수 있습니다. 그렇다고 텍스트를 무분별하게 삽입하면 전달력이 떨어지겠지요. 그러니 대체 텍스트 기능을 적절하게 활용해보기 바랍니다.

5. 미성년 자녀의 계정을 관리 감독할 수 있습니다.

전 세계적으로 10대들의 소셜 미디어 이용이 큰 사회문제로 대두하고 있습니다. 이에 따라 부모들의 관리 감독 역할이 요구되고 있죠. 인스타그램은 만 14세 이상이면 누구나 가입 가능합니다. 만 19세 이전까지 성인 콘텐츠나 폭력적인 콘텐츠에 노출되는 것을 막고는 있지만, 자녀의 친구 관계나 사용 습관까지 통제할 수는 없습니다. '관리 감독'은 이를 보완하기 위한 기능입니다.

'관리 감독'을 이용하려면 자녀와 부모가 서로 팔로잉 상태여야 하고, 자녀의 동의가 필요합니다. 자녀가 동의하면 자녀 계정의 사용 시간, 팔로우 관계, 메시지를 주고받은 사람, 신고 등 활동 내역 등을 모두 확인 가능하며, 일일 사용 시간도 제한할 수 있습니다.

하지만 인스타그램 계정은 누구나 새롭게 만들 수 있으므로, 이런 기능을 사용해 이용을 제한하는 것보다 인스타그램을 올바로 즐길 수 있도록 소통을 통해 자녀에게 관심을 쏟는 것이 필요합니다.

내 프로필 우상단에 있는 ≡ 메뉴의 '설정 및 개인정보'에서 '관리 감독' 터치

자녀와 부모가 서로 팔로잉 상태여야 하며, 선택 시 48시간 동안 유효한 초대 알람 발송

6. 댓글의 해시태그는 검색 가능합니다.

인스타그램은 한 게시물당 해시태그를 30개까지 등록할 수 있습니다. 하지만 캡션에 그 많은 해시태그를 넣는다면 전달하고자 하는 메시지가 해시태그에 가려 정확히 전달되지 않겠지요.

인스타그램은 댓글에 포함된 해시태그도 해시태그 검색에 반영합니다. 이제 캡션의 내용을 해치지 않고 댓글로 해시태그를 모아서 작성해보세요. 그마저도 부담스럽다면 대댓글로 해시태그 모음을 발행해도 무방합니다. 우리가 해시태그를 쓰는 이유는 동일 주제에 반영시켜 잠재 팔로워에게 우리 콘텐츠가 전달되길 바라서이지, 해시태그를 얼마나 화려하게 잘 썼느냐를 보여주려는 게 아니니까요.

〈인스타그램에서 안 되는 것〉

1. 캡션에 입력한 외부 링크는 작동하지 않습니다.

이는 인스타그램의 독특한 특징입니다. 사진 및 영상에 삽입하는 텍스트 캡션에 넣은 링크는 클릭이 되지 않고 그냥 텍스트로만 존재합니다. 타 소셜 미디어에서 썼던 문장을 그대로 똑같이 삽입한 경우 본문의 가독성만 떨어지고 링크가 작동하지 않아 원하는 걸 이룰 수 없기도 합니다. 자칫하면 인스타 초보처럼 보일 수 있습니다!

이를 해결하기 위해 많은 인스타그램 이용자가 일정 기간 동안 프로필 링크를 특정 URL로 변경해두기도 합니다. 아니면 멀티링크 사이트를 이용해 콘텐츠별 링크를 별도로 정리해놓을 수도 있습니다.

그러니 인스타그램을 통해 외부 사이트로 이동을 고려한다면 스토리와 멀티링크 같은 기능을 꼭 익혀두기 바랍니다.

2. 한 번 등록한 사진과 영상은 수정이 불가능합니다.

언제든지 수정 가능한 타 플랫폼과 달리 인스타그램은 한 번 등록한 사진과 영상은 추가 등록 및 수정이 불가능합니다. 따라서 게시물을 등록하기 전에 사진과 영상에 잘못된 내용은 없는지 꼼꼼히 살펴봐야 합니다.

다행스러운 점은 캡션은 수정이 가능하다는 것입니다. 사진과 영상에서 미처 다루지 못한 내용이 있다면, 캡션을 적극 활용하세요. 그게 아니라면 빠르게 삭제한 후 다시 등록하는 것이 좋습니다.

3. 댓글을 수정할 수 없습니다.

캡션은 수정이 가능하다고 안심하셨나요? 대신 댓글은 수정할 수 없습니다. 한 번 등록한 댓글은 오로지 삭제만 가능합니다. 타인의 게시물에 다는 댓글은 누군가에 상처를 입힐 수도 있으니 신중하게 작성해야 합니다.

인스타그램을 운영해보자

팔로잉과 팔로우 이해하기

팔로우(follow)의 사전적 의미는 '~을 따르다'입니다. 인스타그램에서 팔로우하기는 누군가의 계정을 즐겨 찾고 그 인스타그래머의 게시물을 계속해서 보겠다는 뜻입니다.

- 팔로우하기: 해당 계정 구독
- 팔로잉: 팔로우 중(구독 중)
- 팔로워: 해당 계정을 팔로잉하고 있는 모든 계정. 우리말로는 '추종자'라고 번역하기도 함.

• 팔로우 취소: 구독 취소

프로필의 '팔로우' 버튼이 푸른색으로 활성화되어 있으면, 내가 그 사람을 팔로우하지 않았다는 뜻입니다. 계속해서 그 사람의 소식을 내 피드에서 받아보고 싶다면 '팔로우'버튼을 누릅니다.

팔로우 전   팔로우 후

팔로우를 완료하면 푸른색 버튼이 회색으로 바뀌면서 버튼명도 '팔로잉'으로 바뀌는 것을 볼 수 있습니다.

사람 관계가 모두 똑같지는 않을 것입니다. 때론 더 자주 소식을 보고 싶은 사이도 있고, 현실에서 알고 지내는 사이도 있을 수 있으며, 의리상 팔로우 했지만 게시물을 그렇게 자주 보고 싶지 않을 수도 있습니다.

이때는 팔로잉 버튼을 한 번 더 눌러주세요.

다음과 같은 친구 관리 메뉴를 볼 수 있습니다.

• 친한 친구 리스트 추가: 친한 친구에게만 공개하는 게시물을 만들 수 있으며, 더 자주 피드에 나타납니다.
• 업데이트 안 보기: 팔로잉은 했지만 그 계정의 게시물을 보고 싶지 않을 때 선택합니다. 게시물, 스토리, 메모를 선별적으로 보지 않을 수도 있습니다. 이제 팔로우를 취소하지 말고 '업데이트 안 보기'로 사회생활을 현명하게 하세요.

- 제한: 상대방을 차단하거나 팔로우를 취소하지 않고도 교류를 일시적으로 제한하는 것입니다. 그러면 상대가 내 게시물에 새로 남기는 댓글이 비공개로 전환되거나 나와의 채팅이 제한됩니다.
- 팔로우 취소: 팔로우를 취소하고 다시 아무것도 아닌 사이가 됩니다.

인스타그램은 가능한 한 많은 사람이 서로 연결되어 있기를 바랍니다. 그리고 서로 연결된 사람들의 취향을 분석해 추천 콘텐츠 알고리즘에 적용합니다. 이는 양질의 팔로워들이 내 계정을 성장하게 만들고, 내 인스타그램을 더욱 풍요롭게 해준다는 뜻입니다. 따라서 팔로우 관계를 맺는 데 신중해야 합니다. 팔로워 품앗이를 하거나 마구잡이로 팔로잉하는 것은 장기적으로 도움이 되지 않습니다. 우리 속담에 "초록은 동색"이라는 말이 있습니다. 만약 스팸 계정 같은 카테고리로 분류되면 이용에 제한을 받을 수 있습니다. 그러니 신중하게 팔로우하고, 한 번 맺은 팔로우 계정은 관리 메뉴를 통해 노출과 교류를 적절하게 조정하기 바랍니다.

해시태그와 캡션 이해하기

해시태그

인스타그램을 쓰지 않는 사람도 해시태그는 많이 들어봤을 겁니다. TV 같은 대중매체와 맛집에서 해시태그 #OOO을 입력하고 게시물을 올려달라고 요청하는 것도 한 번쯤 봤을 테고요.

해시태그는 원래 프로그래머들이 코딩을 할 때 #과 함께 주석 처리를 하면 프로그램 구동에 방해받지 않고 서로 코드에 대한 의견을 주고받을 수 있는 것에서 기원했습니다. 2007년 구글의 개발자 크리스 메시나(Chris Messina)는 트위터(지금의 X)에서 원하는 정보를 찾기 어려운 점을 들어 이렇게 제안합니다. "how do you feel about using # for groups. As in #barcamp?" 이때부터 트위터 이용자들은 같은 주제로 이야기를 나눌 때 키워드 앞에 #을 붙여서 올리기 시작했고, 2009년 트위터에서 공식적으로 해시태그를 채택하면서 현재의 모습을 갖추게 되었죠. hashtag는 #을 뜻하는 해시 마크(hash mark)에 꼬리표란 의미의 tag를 덧붙인 합성어입니다.

해시태그는 소셜 미디어 채널마다 조금씩 그 역할이 다릅니다.

인스타그램에서는 검색 기능을 합니다. 주제보다는 검색 키워드에 해시태그를 붙여 관심사에 맞게 노출되게끔 하려는 것입니다.

X에서는 주제별 커뮤니티 기능을 합니다. 정치·사회적 이슈부터 때론 다 함께 즐기는 놀이의 주제로 떠오르기도 하죠.

네이버블로그에서는 주제 분류 역할을 합니다. 동일한 주제를 다룬 다른 블로그 게시물들을 추천하죠.

유튜브에서는 검색 기능을 합니다. 하지만 이미 검색 기능이 충분히 갖추어져 있어 이용자들의 습관에 맞춰 추가한 것입니다.

인스타그램	검색 기능 콘텐츠에 포함된 다양한 요소와 자신을 드러내는 키워드
트위터	주제별 대화 특정 기간 동안 집중적으로 사용하는 해시태그 존재
네이버블로그	주제 분류 유사 주제를 다룬 블로그 중 같은 해시태그를 사용한 게시물 추천
유튜브	복합적 기능 콘텐츠에서 다루는 주제 및 검색(SEO) 최적화

하지만 공통적으로 주의해야 할 점이 있습니다. 하나의 해시태그로 조합해 검색에 반영하려면 띄어쓰기를 하지 말아야 합니다.

• #파란 하늘 (X)
• #파란하늘 (O)

- #파란_하늘 (O)

그리고 숫자만 사용할 수는 없습니다.

- #19 (X)
- #19살 (O)
- #나는19살 (O)

하지만 최근 이러한 해시태그 검색 시대가 종말을 맞이했습니다. 하루에 몇억 개의 콘텐츠가 등록되는 인스타그램은 해시태그를 등록 순서대로 보여주는 방식을 종료하고 인기 게시물만 보여주도록 알고리즘을 변경했습니다.

대신 캡션과 프로필을 검색 결과에 반영하고 있죠.

캡션

캡션은 사진이나 영상을 설명하는 짧은 글을 말합니다. 인스타그램에서는 사진을 업로드할 때 설명을 적는, 흔히 '본문'이라고 부르는 영역입니다. 말 그대로 사진에 대한 설명을 입력하지만, 사진과 영상만으로 미처 담지 못한 이야기를 풀어낼 수 있는 곳이기도 합니다.

다음은 '칼국수'를 그냥 검색했을 때와 해시태그를 붙여서 검색했을 때의 결과입니다. 같은 키워드지만 결과가 다르게 나타나죠.

'추천'의 결과는 해시태그를 비롯해 캡션과 사진에 포함된 정보를 모

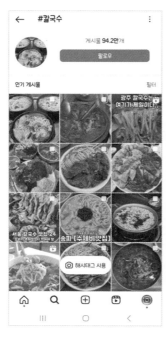

#칼국수 검색 결과   칼국수 검색 결과

두 종합해서 가장 인기 있는 게시물을 보여줍니다.

인스타그램은 사진 위주이기 때문에 캡션에 검색용으로 해시태그만 입력하던 때가 있었습니다. 하지만 이제는 충실한 캡션도 검색 노출에 도움을 줍니다. 사진을 보완하는 멋진 글로 팔로워와 소통해보세요!

멋진 사진+해시태그+충실한 캡션+진솔한 소통. 이것이야말로 인기 인스타그래머가 되는 첫걸음입니다.

좋아요와 저장, 리그램 이해하기

좋아요

인스타그램의 감정 표현은 크게 2가지, 좋아요와 댓글로 나뉩니다.

좋아요는 빈 하트 ♡를 터치하는 것으로, 완료되면 ♥처럼 속이 채워진 하트로 바뀝니다. ♡를 터치하는 대신 이미지나 영상을 더블 터치해도 좋아요를 할 수 있습니다. 이를 이용한 재미있는 콘텐츠로 자연스럽게 좋아요를 이끌어내기도 합니다.

팔로우를 비롯해 좋아요와 댓글 같은 이용자의 행동은 계정 운영자에게 바로 알림이 갑니다. 만약 알림이 너무 많아 일상생활에 방해를 받는다면 좋아요 알림을 꺼둘 수 있습니다. 이 경우 접속했을 때에만 팔로워들의 반응을 종합해서 볼 수 있고, 꺼둔 동안 취소하거나 삭제한 내역은 볼 수 없습니다.

인스타그램에서는 더블 터치하면 계정 주인에게 알림이 간다. 출처: 인터넷 커뮤니티

팔로워들과의 빠르고 다양한 교류는 인스타그램 성장에 도움을 줍니다. 알림을 켜놓고 그들과 소통하세요! 좋아요를 눌러준 이용자를 찾아가

똑같이 좋아요를 누른다면 긍정적인 반응을 이끌어낼 것입니다. 인스타그램은 소통을 활발히 하는 계정을 좋아합니다.

저장

인스타그램에서 다시 보고 싶은 게시물이 있다면 어떻게 하나요? 화면 캡쳐를 하거나 해당 계정을 팔로우해 나중에 다시 보려 하겠죠. 하지만 이런 과정을 거쳐 확보한 정보는 금방 잊히게 마련입니다. 이때 필요한 것이 '저장'기능입니다.

　게시물 아래에 위치한 '좋아요' '댓글' '종이비행기' 옆 오른쪽 밑에 있는 '책갈피'모양이 바로 저장 기능을 담당합니다.

　책갈피를 누르면 검은색으로 바뀌며 해당 게시물이 저장되었다는 메시지가 뜹니다.

　이렇게 저장한 게시물은 내 프로필 오른쪽 상단 ≡ 메뉴를 누르면 동일하게 생긴 책갈피와 함께 '저장됨'이라고 표기된 메뉴에 들어 있습니다. 책갈피는 내용을 분류해 저장할 수도 있습니다.

　저장은 매우 중요한 기능입니다. 소셜 미디어의 특징은 원래 흘러가는 콘텐츠였습니다. 잘못된 콘텐츠를 수정하지 않거나, 똑같은 콘텐츠를 여러 번 올려도 지루해하지 않는 이유이기도 했죠. 하지만 이제 저장 기능을 사용해 과거의 게시물도 필요할 때 다시 보는 게 가능해졌습니다.

　인스타그램 운영에 도움을 주는 콘텐츠를 저장해두세요. 일상생활에

유익한 팁도 저장해놓았다가 활용하세요. 여러분은 어떤 콘텐츠를 저장했나요? 그 콘텐츠는 나만 저장했을까요?

저장은 알고리즘에 영향을 주는 메뉴입니다. 좋아요나 댓글과 달리 게시자도 그 수를 알 수 없는 메뉴죠. 알고리즘은 이렇게 생각합니다. '얼마나 좋은 콘텐츠이기에 저장해놓고 다시 보려고 하지?' '이렇게나 많은 사람이 저장해놓는 콘텐츠라면 분명 유용할 거야. 더 많은 사람에게 알려야겠다!'

그래서 많이 저장된 콘텐츠일수록 추천 콘텐츠로 노출될 가능성이 높아지는 것입니다. 또한 저장을 통해 특정 계정을 팔로우하지 않고도 콘텐츠만 모아서 보는 게 가능해졌습니다. 이는 중요한 변화입니다. 팔로워

수보다 좋은 콘텐츠에 더 많은 가산점을 주겠다는 인스타그램의 의지이기도 하죠.

물론 겉으로 보이는 팔로워, 좋아요, 댓글의 수는 여전히 중요하고 노출에 큰 영향을 끼치는 요소입니다. 하지만 저장 또한 놓칠 수 없는 중요한 기능이라는 걸 잊지 마세요.

남들이 좋아요를 누르고 댓글을 남길 수 있는 콘텐츠를 넘어 저장하고 싶은 콘텐츠를 만들어서 올리는 것. 인스타그램 성장의 핵심 전략입니다.

리그램

인스타그램은 메신저를 통한 개인 간 공유나 외부 채널 공유 말고 타인의 게시물을 바로 나의 타임라인으로 가져오는 기능이 없습니다. 하지만 초창기 인스타그래머들은 페이스북처럼 타인의 게시물을 자기 타임라인으로 가져와 팔로워들에게 보여주고 싶어 했습니다. 이때 등장한 것이 리그램(Regram)입니다.

인스타그램은 공식적으로 리그램을 허용하고 있지 않기 때문에 외부 앱을 이용해야 합니다. 타인의 인스타그램을 다시(re) 올린다고 해서 리그램이라는 이름이 붙었습니다. 글로벌에서는 리그램이라 하지 않고 리포스트(re-post)라고 합니다. 셀카를 셀피라고 하는 것과 같죠.

리그램의 원리는 간단합니다. 리그램하고자 하는 게시물의 사진 또는 영상을 다운로드받아 원작자의 계정을 표기한 후, 마치 공유할 때처럼 그 게시물의 캡션까지 복사해서 내 타임라인에 똑같이 올리는 것입니다. 내가 코멘트를 추가할 수도 있습니다.

리그램하기

1. 구글 플레이스토어 또는 앱스토어에서 'repost' 또는 'repost Insta-gram'를 검색합니다. 많은 애플리케이션이 나오는데 사용법이 대부분 동일하므로 마음에 드는 것으로 설치합니다.

2. 리그램하려는 게시물 아래 있는 종이비행기 ▽(보내기)를 터치해 공유 메뉴를 실행합니다.

3. 보내기 메뉴 중 '링크 복사'를 터치하면 이 게시물의 링크가 복사됩니다.

4. 리그램 앱을 실행합니다. (필자의 경우는 검색 결과에서 가장 상단에 있는 애플리케이션을 설치했습니다.)

5. 링크 입력 칸에 링크가 잘 삽입되었는지 확인합니다. 리그램은 전체 공개를 허용한 게시물만 가능합니다. 링크 검증이 끝나면 '다운로드'를 터치해 게시물을 저장합니다.

6. 다운로드가 완료되면 공유 예시 화면이 뜹니다. 이 화면에서 ⇄ '다시 게시'를 선택합니다.

'repost Instagram' 검색 결과

앱을 설치하고 복사한 링크를 삽입한 후
'다운로드' 선택

⇄ '다시 게시' 선택

7. 인스타그램 편집 화면이 실행되면 추가해 넣을 문구를 작성하거나 그대로 '확인'을 누릅니다.

8. 내 타임라인에 리그램 게시물이 등록되었습니다.

리그램한 게시물은 캡션에 #repost 및 원본 게시물 아이디가 태그되며, 사진에는 위 그림의 예시처럼 ⇄ eeunbook이라는 원본 출처가 포함됩니다. 이 방법 외에 임의로 게시물을 저장해 본인의 것처럼 올리는 것은 저작권법에 저촉되며, 법적 분쟁이 발생할 수 있으니 항상 주의해야 합니다.

원작자의 요구가 없는 상태에서 리그램할 때는 가능한 한 원작자에게 의향을 물어보고 등록하는 걸 추천합니다.

사진만큼 중요한 글쓰기 전략

인스타그램은 사진 기반 SNS이지만, 최근 다양한 유형의 콘텐츠가 등록되고 있습니다. 때로는 사진이 아닌 텍스트만 등록하는 분들도 있습니다. 인스타그램에서 우리는 사진과 영상의 형식을 갖춘 것이면 표현 방법에 상관없이 무엇이든 올릴 수 있습니다.

황석희(@drug_sub) 번역가는 인스타그램에 자신의 생각을 에세이로 등록해 올립니다. 메시지 전달을 방해할 수 있는 사진이나 영상이 아닌 노트에 또박또박 제목을 적어서 이미지로 등록하죠. 손 글씨에서 느낄 수 있는 다정함과 호기심을 자극하는 짧은 한 문장이 시선을 사로잡습니다.

물론 이번 장에서 이렇게 제목을 사진으로 올리라고 말하려는 것은 아닙니다. 인스타그램은 사진이나 릴스만 올리는 곳이 아니란 의미입니다. 사진이 조금 부족해도 좋은 글을 쓰면 사람들은 찾아옵니다.

때론 내가 쓰고자 하는 글과 관련된 사진을 올려놓고 생각을 나눌 수도 있죠. 허지웅(@ozzyzzz) 작가는 SBS라디오 〈허지웅쇼〉를 진행하며 본인이 전달하고자 하는 메시지를 인스타그램에 꾸준히 등록해왔습니다. 영화나 예술 작품, 때로는 사회적 이슈를 다루며 청취자 및 본인의 팬들과 소통하는 겁니다. 이 경우는 빼어나지 않은 사진이기에 오히려 글이 더 돋보이는 효과가 있습니다.

물론 인스타그램에서 장문의 글을 쓸 수는 없습니다. 인스타그램 캡션의 의미는 '설명'이기 때문입니다. 캡션에 등록할 수 있는 글자 수는 최대 2,200자입니다. 여기에는 해시태그를 비롯한 띄어쓰기, 특수문자, 이모지 등 모든 요소가 포함됩니다.

톤앤매너의 통일성

인스타그램 글쓰기에서 가장 중요한 첫 번째 요소는 톤앤매너의 통일성입니다. 쉽게 이야기해서, 말투가 일정해야 합니다. 기분에 따라서 말투가 계속 바뀐다면 팔로워들이 혼란스러워하겠죠. 팔로워들은 친구가 아닙니다. 나의 고객이자 팬이라고 생각해야 합니다. 예의를 지키는 것도 중요합니다. 인스타그램에서 사진과 영상이 나의 외형이라고 하면, 글은 나의 말과 생각입니다.

또 톤앤매너는 올리는 게시물하고도 어울려야 합니다. 사진은 고풍스러운데 글쓰기는 장난스럽다면 곤란합니다. 그리고 영상은 장난스러운데 캡션은 정중하면 댓글을 달려 하다가도 멈칫하게 됩니다.

그렇다고 내가 평소 전혀 쓰지 않는 언어와 말투를 사용하면 게시물을 새로 등록할 때마다 부담스러울 겁니다. 실수할까 봐 걱정도 되고요. 그러므로 톤앤매너는 본인의 평소 말투로 하되 쓰지 말아야 하는 말(금지어)과 표현 방법(분위기)을 정해두는 게 좋습니다.

- 다양한 사람들에게 정보성, TIP 등을 다룬다 --> 친절한 말투, 존댓말
- 또래와 교류하는 느낌으로 관심사를 공유한다 --> 편한 또래 말, 음슴체
- 진지한 내용을 다루거나 설명한다 --> 합쇼체, 문어체

해시태그 삽입 방법

인스타그램은 최근 알고리즘을 바꾸었습니다. 과거의 #해시태그 검색 방식이 제한적이고 또 악용되는 경향이 많았거든요. 그래서 해시태그 검색 결과를 인기 게시물만 선택해 보여주고 있습니다. 예전처럼 해시태그를 활용한 노출 기대 효과가 크게 줄었다는 뜻입니다. 하지만 해당 해시태그 결과에서 인기 게시물로 올라간다면 과거보다 더 큰 주목을 받을 수 있을 겁니다.

더 이상 해시태그를 30개씩 넣는 방식으로는 게시물이 성공할 수 없습니다. 무분별한 해시태그 남용이 과부하를 불러일으키고 결국 해시태그 실시간 노출이 제한될 테니까요.

이제부터는 해시태그를 이렇게 사용해보세요.

첫째, 꼭 필요한 키워드만 강조 기능으로 사용합니다. #해시태그를 사용하면 입력 후 파란색으로 하이퍼링크가 걸립니다. 캡션에서 필요한 부분만 #해시태그를 걸어 강조할 수도 있습니다. 이 경우 해시태그가 너무 많으면 가독성이 떨어지기 때문에 꼭 필요한 부분에만 사용해야 합니다. 아울러 사람들의 관심도가 높으면서 경쟁률은 낮은 키워드여야 합니

다. 어떤 해시태그를 사용할지 미리 정해두고 본문 사이사이에 적절하게 배치합니다.

둘째, 제목으로 사용합니다. 해시태그를 주제어로 사용할 경우 설명문 맨 앞에 해시태그를 삽입합니다. 피드에 노출될 때는 첫 줄만 보이는 경우가 많습니다. 이때 문맥이 잘리는 것보다는 주제어를 포함한 해시태그가 보이도록 하는 것이 좋습니다. #인스타그램추천 #인스타그램팁 #강남맛집추천 #데이트코스추천처럼 어떤 내용인지 확실히 보여주면 터치를 유도할 수 있습니다. 이렇게 주제로 묶인 게시물 역시 같은 주제에서 인기 게시물로 노출될 가능성이 높습니다.

셋째, 마무리로 사용합니다. 전체 내용을 갈무리하는 용도로 쓰는 겁니다. 그리고 해당 콘텐츠가 포함하고 있는 다양한 키워드를 배치합니다. 만약 본문이 너무 길면 문단의 끝이 아닌 댓글에 해시태그를 삽입할 수도 있습니다. 캡션의 가독성을 해치지 않고 문단이 깔끔하게 끝나 보여서 최근 많이 선호하는 방식입니다. 하지만 브랜드명이나 자주 언급하는 주제, 꼭 드러내야 하는 키워드인 경우는 본문 하단에 잘 보이도록 배치하는 것이 좋습니다.

문장의 띄어쓰기와 강조

인스타그램은 모바일에서 콘텐츠를 봐야 하기 때문에 가독성이 가장 중요합니다. 너무 늘어지는 문장, 띄어쓰기를 무시한 글은 좋지 않습니다.

가능한 한 문장은 두 줄을 넘지 않게, 한 문단이 화면의 3분의 1 이상을 넘지 않도록 적어야 합니다. 문단과 문단 사이는 꼭 한 행을 띄워 가독

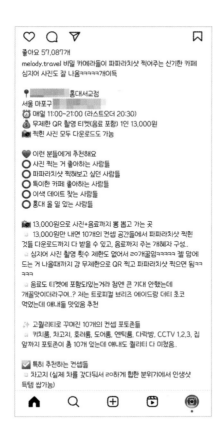

좋아요 57,087개
melody.travel 비밀 카메라들이 파파라치샷 찍어주는 신기한 카페
심지어 사진도 잘 나옴ㅋㅋㅋㅋ개이득

📍 ▨▨▨▨▨▨ 홍대서교점
서울 마포구 ▨▨▨▨▨▨
⏰ 매일 11:00~21:00 (라스트오더 20:30)
💰 무제한 QR 촬영 티켓(음료 포함) 1인 13,000원
📷 찍힌 사진 모두 다운로드도 가능

❤️ 이런 분들에게 추천해요
⭕ 사진 찍는 거 좋아하는 사람들
⭕ 파파라치샷 찍혀보고 싶던 사람들
⭕ 특이한 카페 좋아하는 사람들
⭕ 이색 데이트 찾는 사람들
⭕ 홍대 올 일 있는 사람들

📷 13,000원으로 사진+음료까지 뽑고 가는 곳
 ⌐ 13,000원만 내면 10개의 컨셉 공간들에서 파파라치샷 찍힌
것들 다운로드까지 다 받을 수 있고, 음료까지 주는 개혜자 구성..
 ⌐ 심지어 사진 촬영 횟수 제한도 없어서 20개꿀임ㅋㅋㅋㅋ 젤 맘에
드는 거 나올때까지 강 무제한으로 QR 찍고 파파라치샷 찍으면 됨ㅋㅋ
ㅋㅋㅋ
 ⌐ 음료도 티켓에 포함되있는거라 첨엔 큰 기대 안했는데
개꿀맛이더라구여..? 저는 트로피컬 브리즈 에이드랑 더티 초코
먹었는데 얘내들 맛있음 추천

✨ 고퀄리티로 꾸며진 10개의 컨셉 포토존들
 ⌐ 키치룸, 차고지, 호러룸, 도어룸, 앤틱룸, 다락방, CCTV 1,2,3, 집
앞까지 포토존이 총 10개 있는데 얘내도 퀄리티 다 미쳤음..

✅ 특히 추천하는 컨셉들
 ⌐ 차고지 (실제 차를 갖다둬서 2D하게 힙한 분위기에서 인생샷
득템 쌉가능)

🏠　🔍　⊕　▷　◉

성을 높입니다. 필요한 경우 모바일 이모지를 사용해 문단의 주목도를 높이는 것도 좋은 방법입니다.

　　정보성 글의 경우 이모지를 활용해 정보를 나열하면 좀 더 눈에 잘 띌수 있습니다. 하지만 무분별한 이모지 남용은 오히려 가독성을 해칠 수 있으므로 조심해야 합니다.

글쓰기, ChatGPT의 도움을 받아보자

2022년 11월 30일, OPEN AI가 출시한 ChatGPT-3.5는 세상을 바꾸어놓았습니다. 많은 개인과 기업이 ChatGPT를 활용한 콘텐츠를 세상에 내놓았고, 2023년 3월 14일 화이트데이에 출시된 ChatGPT-4는 다양한 분야에 적용되고 있습니다. ChatGPT는 단순히 창작을 위한 인공지능이 아니라 대형 언어 모델(LLM)을 활용해 인간의 생산성 향상을 돕는 툴로, 우리는 이것을 생성 AI 서비스라고 부릅니다.

ChatGPT 서비스는 무료 버전인 ChatGPT-3.5와 유료 버전인 ChatGPT PLUS, 여럿이 함께 사용 가능한 ChatGPT Team이 있습니다.

ChatGPT PLUS를 결제하면 ChatGPT-4 외에 이미지 생성 AI인 DALL-E, 노션(Notion) 등 생산성 TOOL에서도 사용 가능한 플러그인, 발달된 데이터 분석 등을 이용할 수 있습니다.

ChatGPT를 인스타그램에 활용해볼까요? ChatGPT를 인스타그램에 활용하는 방법은 무궁무진하지만 여기서는 간단히 세 가지만 소개하겠습니다.

1. 주제 및 소재 아이디어를 얻는다.
2. 캡션과 해시태그 아이디어를 얻는다.
3. 이미지 구성 아이디어를 얻는다.

먼저, ChatGPT에 접속해보겠습니다.
1) https://chat.openai.com/에 접속합니다.

2) 이미 가입되어 있다면 'Log in'을, 처음 접속했다면 'Sign up'을 클릭합니다.

3) 이메일 주소를 이용해 가입합니다. 구글 계정이나 마이크로소프트 계정, 애플 계정이 있다면 해당 아이디로 가입 가능합니다. 가장 편한 방법을 선택해서 가입하세요.

4) 아래와 같이 'How can I help today?(어떻게 도와드릴까요?)'라는 문구가 뜨면 모든 가입이 완료된 것입니다.

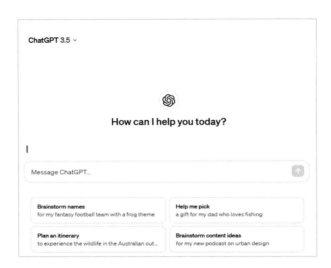

5) Message ChatGPT 입력창에 질문을 넣을 수 있습니다. 영어로 되어 있지만 한글로 질문해도 됩니다. (물론 영어로 질문할 경우 결과물이 더 훌륭합니다.)

질문을 해보자!

우선 ChatGPT가 어떤 인스타그램 콘텐츠를 추천하는지 물어봅시다.

이 질문에 대해 ChatGPT는 아래와 같이 답했습니다.

인스타그램에 지속적으로 올릴 수 있는 콘텐츠 콘셉트는 창의성과 일관성을 중시해야 합니다. 여러 가지 콘셉트를 소개해드리겠습니다:

1. 일상의 순간들: 일상에서 발견하는 소소하지만 특별한 순간들을 공유합니다. 예를 들어, 아름다운 하늘, 맛있는 식사, 산책길에서 만난 꽃 등 일상의 아름다움을 포착해 공유할 수 있습니다.

2. 여행과 탐험: 여행지에서의 경험, 숨겨진 명소 탐방, 여행 팁과 추천 장소 등을 공유합니다. 여행은 항상 사람들의 관심을 끌며, 다양한 장소에서의 새로운 경험을 통해 팔로워들과 소통할 수 있습니다.

3. 푸드 다이어리: 다양한 음식, 레스토랑 리뷰, 홈메이드 요리 레시피를 공유합니다. 음식은 보편적인 관심사이며, 맛집 탐방이나 요리 스킬을 공유하며 커뮤니티를 형성할 수 있습니다.

4. 패션과 스타일: 개인의 스타일, 패션 아이템 리뷰, 스타일링 팁 등을 포함한 패션 관련 콘텐츠를 제작합니다. 패션은 계절별로 변화하는 트렌드를 반영할 수 있어 지속적인 콘텐츠 제작이 가능합니다.

5. 뷰티와 메이크업: 메이크업 튜토리얼, 스킨케어 루틴, 화장품 리뷰 등 뷰티 관련 콘텐츠를 제작합니다. 뷰티는 개인의 노하우와 경험을 공유할 수 있는 무궁무진한 소재입니다.

6. 건강과 피트니스: 운동 루틴, 건강한 식습관, 몸매 관리 팁 등 건강과 피트니스에 관한 콘텐츠를 제작합니다. 건강은 누구나 관심을 가지는 주제이며, 동

기부여와 영감을 줄 수 있습니다.

7. 취미와 관심사: 개인의 취미나 특정 관심사를 중심으로 한 콘텐츠를 제작합니다. 예를 들어, 그림 그리기, 음악, 독서, 정원 가꾸기 등 다양한 취미 생활을 공유할 수 있습니다.

8. 자기계발과 인스퍼레이션: 목표 달성 과정, 성공 스토리, 자기계발 팁 등을 공유해 팔로워들에게 영감을 줍니다. 사람들은 성장과 발전에 관한 이야기에 큰 관심을 보입니다.

9. DIY 프로젝트와 공예: 집에서 할 수 있는 DIY 프로젝트, 수공예품 제작 과정과 결과물을 공유합니다. 창의적인 아이디어와 만들기 과정은 많은 사람에게 영감을 줍니다.

10. 펫과 동물: 반려동물의 일상, 동물과 함께하는 생활, 펫 케어 팁 등을 공유합니다. 반려동물은 많은 사람의 사랑을 받으며, 귀여운 동물 사진이나 영상은 높은 관심과 애정을 받습니다.

이러한 콘셉트는 인스타그램에서 지속적으로 콘텐츠를 제작하고 팔로워들과 소통하는 데 도움이 될 수 있습니다. 중요한 것은 자신의 관심사와 열정을 반영하는 콘텐츠를 만드는 것입니다.

이 중 내가 할 수 있는 것으로 구체화해볼까요?

 You
내가 서울에 사는 30대 직장 여성이라고 생각하고 대답해줘. 나는 한식을 좋아하고, 그런 내가 매일 홈메이드 요리 레시피를 올린다고 하면 3월 한 달동안 올릴 수 있는 레시피를 15개 뽑아줘

내 상황에 대해 먼저 언급하고, 한 달 동안 격일로 15개의 콘텐츠를 올리겠다는
생각으로 레시피를 요청했습니다.

ChatGPT는 아래와 같이 답했네요.

서울에 사는 30대 직장 여성으로서, 한식을 좋아하고 매일 홈메이드 요리 레시
피를 올리고자 한다면, 다양성과 계절성을 고려해 매력적인 레시피를 선택할 수
있습니다. 여기 3월 한 달 동안 올릴 수 있는 한식 레시피 15가지를 제안합니다:

1. 된장찌개: 따뜻한 봄날에 어울리는 영양 만점의 전통 한국 요리입니다.

2. 김치볶음밥: 남은 김치를 활용해 간편하게 만들 수 있는 별미입니다.

3. 제육볶음: 매콤달콤한 돼지고기 요리로, 밥반찬으로도 좋고 술안주로도 훌
   륭합니다.

4. 불고기: 한국의 대표적 요리 중 하나로, 부드러운 소고기의 맛을 즐길 수 있
   습니다.

5. 시금치나물: 봄 시금치를 활용한 건강한 반찬으로, 영양소가 풍부합니다.

6. 감자조림: 달콤하고 고소한 감자 요리로, 어린이와 어른 모두에게 인기 있
   는 반찬입니다.

7. 닭갈비: 매콤한 양념의 닭고기 요리로, 친구나 가족과의 모임에 잘 어울립니다.

8. 약초 비빔밥: 봄철에 나는 약초를 활용한 건강한 비빔밥 레시피입니다.

9. 두부조림: 고소한 두부에 양념을 더해 만든 담백한 요리로, 밥반찬으로 좋습니다.

10. 해물파전: 바다의 신선함을 느낄 수 있는 해물과 파를 사용한 전으로, 비 오는 날에 잘 어울립니다.

11. 콩나물국: 몸에 좋고 만들기도 쉬운 콩나물국으로, 간단한 식사에 잘 맞습니다.

12. 잡채: 당면과 여러 가지 채소를 사용한 달콤하고 고소한 요리로, 특별한 날에 만들면 좋습니다.

13. 오이소박이: 새콤달콤한 오이소박이는 간식이나 술안주로도 좋습니다.

14. 계란찜: 부드럽고 담백한 계란찜은 어떤 한식 식사와도 잘 어울리는 반찬입니다.

15. 호박죽: 달콤하고 부드러운 호박죽은 아침 식사나 간식으로 적당하며, 건강에도 좋습니다.

이 레시피들은 다양한 한식의 매력을 보여줄 수 있으며, 각 요리의 재료와 만드는 방법을 단계별로 소개함으로써 팔로워들에게 요리의 즐거움을 전달할 수 있을 것입니다. 각 레시피에 개인의 팁이나 추천하는 변형 방법을 더해 나만의 특별한 콘텐츠를 만들어보세요!

ChatGPT는 구체적으로 질문해야 더 명확한 답을 해줍니다.

> **You**
> 난 봄에 맞는 냉이된장찌개 레시피와 함께 멋진 요리결과물 사진을 올리려고 해. 사진과 함께 쓸 캡션
> 내용과 해시태그를 추천해줘.

위 메뉴 중 '된장찌개'관련 콘텐츠를 제작하기로 하고 캡션에 대한 힌트를 얻도록 하겠습니다. 캡션이니 해시태그에 대한 팁도 요청해야겠죠!

인스타그램 감성에 맞는 이모지까지 활용한 추천 문구를 만날 수 있습니다. 이모지는 글을 좀 더 부드럽고 친근하게 만드는 역할을 합니다.

캡션 제안:
- "봄의 시작을 알리는 한 숟가락, 향긋한 냉이된장찌개로 따뜻한 위로를 전합니다. 🌿 🍲 #봄맞이한끼"
- "냉이의 싱그러움이 물씬 풍기는, 오늘의 따뜻한 위로. 봄이 선사하는 소박하지만 깊은 맛, 냉이된장찌개. 💚"
- "봄바람처럼 상큼한 냉이가 만나 구수한 된장의 풍미, 맛의 조화를 즐겨보세요. 봄날의 따스함을 담은 한 그릇. 🌿 🍲"
- "오늘의 메뉴는 봄을 담은 냉이된장찌개. 봄 향기 가득한 한 끼로 몸과 마음을 따뜻하게 데워요. 🌸 🍜 #냉이의매력"

101

ChatGPT

위 이미지는 자연광에서 촬영한 냉이된장찌개의 예시를 보여줍니다. 이 사진은 신선한 냉이, 두부, 버섯이 가득한 된장찌개의 생생한 색감과 풍부한 맛을 잘 드러내며, 주변에 전통 한국 반찬과 젓가락을 배치하여 홈메이드하고 영양 가득한 분위기를 강조합니다. 이러한 설정은 당신의 요리 사진을 더욱 매력적으로 만들어 줄 것입니다.

마지막으로, 이미지를 어떻게 촬영할지에 대한 아이디어를 얻어보겠습니다.

 You
냉이된장찌개를 자연광에서 촬영할 거야. 도움이 될 만한 예시 이미지가 있다면 보여줘

ChatGPT의 조언대로 '자연광'에서 촬영할 것이라고 한정 지은 후 예시 이미지를 보여달라고 했습니다.
비록 냉이보다는 깻잎 된장찌개에 더 가까운 모습이지만 괜찮습니다. 우리는 이

를 바탕으로 새롭게 촬영할 거니까요. 반찬과 수저를 배치하라는 팁도 참고하고, 된장찌개 주변에 냉이를 같이 보여주는 것도 도움이 되겠네요.

우리는 전문가가 아니지만 전문가처럼 공개된 기술을 활용할 수 있습니다. 어려워하지 말고 바로 시도해보세요! ChatGPT를 이렇게 이용하는 것은 기업과 광고 업계에서도 많이 쓰는 방식입니다.

게시물 업로드하기 - 이미지 1컷

인스타그램 가입과 프로필 설정이 끝났다면, 이제 이미지를 올려보겠습니다. 인스타그램에 이미지를 올리는 것은 어렵지 않습니다.

1. 인스타그램 앱에서 + 메뉴를 선택하면 모든 콘텐츠를 등록할 수 있습니다. 단, 상단의 + 메뉴와 하단의 + 메뉴는 콘텐츠 양식을 선택하는 방법이 다릅니다.

1_1. 상단의 + 메뉴를 선택하면 릴스, 게시물, 스토리, 스토리 하이라이트, 라이브 방송 등 릴스를 중심으로 한 콘텐츠 등록 메뉴가 나타납니다. 이미지 또는 여러 장의 콘텐츠(사진 및 영상 포함)를 동시에 등록하려면 을 선택합니다.

1_2. 하단의 + 메뉴를 선택하면 휴대폰의 갤러리(앨범)가 로딩되며 게시물, 스토리, 릴스, 라이브를 선택할 수 있도록 하단에 횡스크롤 메뉴가 나타납니다. 하단의 횡스크롤 메뉴는 게시물을 중심으로 등록하도록 유도합니다. 스토리와 릴스를 등록할 게 아니라면 '게시물'을 선택합니다.

2. 등록할 이미지를 선택하고 '다음'을 눌러 넘어갑니다.

상단의 + 메뉴 선택 시   하단의 + 메뉴 선택 시

3. 이미지를 편집할 수 있는 메뉴가 나타납니다. 인스타그램의 장점은 자
   동으로 적용되는 멋진 필터에 있습니다. 하지만 필터가 마음에 들지 않
   는다면 하단의 '수정'버튼을 눌러 개별적으로 편집할 수도 있습니다.

4. 이미지 편집이 완료되면 '다음'을 눌러 캡션 입력 화면으로 넘어갑니다.

5. 문구 작성 및 공개 설정, 사람 태그 등을 할 수 있으며, 음악을 등록할
   수도 있습니다. 음악은 저작권 때문에 인스타그램에서 제공하는 것만
   사용해야 하며, 그 밖에 다른 음악을 삽입할 경우 게시물이 비공개 및

〈참고〉 수정 메뉴별 기능

	조정	스크롤을 좌우로 움직여 이미지의 기울기를 조절합니다.
	밝기	이미지의 밝기(명도)를 조절합니다.
	대비	이미지의 어두운 영역과 밝은 영역 사이의 색조 대비를 조절해 뚜렷하게 보이도록 합니다.
	구조	사진의 디테일을 강조하기 위해 사용합니다. 구조를 높이면 사진의 질감과 윤곽이 더 분명해집니다.
	온도	사진의 온도를 조절합니다. 따뜻한 느낌(난색)과 차가운 느낌(한색)을 강조할 수 있습니다.
	채도	사진의 색감을 더욱 강렬하게 하거나 탁해지게 할 수 있습니다.
	색	사진에 색 필터를 입힌 것과 같은 느낌을 줄 수 있습니다. 그림자와 하이라이트별로 색을 다르게 지정할 수 있습니다.
	흐리게	사진을 전체적으로 어둡고 흐려지게 합니다.
	하이라이트	사진의 밝은 부분을 조절하거나 숨겨진 빛을 이끌어냅니다. 잘 사용하면 또렷한 느낌을 줄 수 있습니다.
	그림자	사진에서 어두운 부분(그림자)의 대비를 조정합니다. 낮아지면 낡거나 바랜 느낌을 줍니다.
	배경 흐리게	사진의 외곽 부분만 어둡고 흐려지게 합니다.
	미니어처 효과	사진의 특정 부분을 장난감처럼 보이게 할 수 있습니다. 원형과 선형 중 선택 가능합니다.
	선명하게	사진에 선명함을 줄 수 있습니다.

삭제될 수 있으니 주의해야 합니다.

6. 등록과 동시에 해당 게시물을 유료로 광고하고 싶다면 '게시물 홍보'의
   스위치를 켜(푸른색으로 바뀜) 바로 실행할 수 있습니다. 모든 세팅이 완료
   되면 '공유'를 눌러주세요.

7. 이미지 등록이 완료되었습니다.

8. 캡션에 등록된 글 중 첫 문장만 보이고, 나머지는 '더 보기'를 눌러야 확인이 가능합니다. 등록된 게시물의 캡션이 어떻게 보이는지 확인하고, 미흡한 부분이 있으면 콘텐츠 의도가 잘 전달될 수 있도록 게시물 상단의 :를 눌러 문구를 수정하세요. 한 번 등록한 이미지는 수정이 불가능하지만 문구는 언제든 수정할 수 있습니다.

게시물 업로드하기 - 이미지/영상 여러 컷

카드뉴스를 제작해 여러 장의 이미지를 등록해야 할 때가 있을 수 있습니다. 또는 이미지와 영상을 한꺼번에 등록하거나 영상만 여러 건 등록해야 할 때도 있을 테고요. 이럴 경우에는 아래와 같이 하세요.

1. 인스타그램 앱 상단과 하단에 위치한 +를 눌러 '게시물 등록'을 선택합니다.

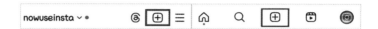

2. 내 휴대폰의 앨범을 불러들여 화면 중앙의 ◉버튼을 선택해 ◉파란색으로 바꿉니다. 그리고 이미지를 게시할 순서대로 앨범의 사진을 하나씩 선택하세요. 계정에 따라 최대 10~20개까지 가능하며 이미지와 영상 구분 없이 선택할 수 있습니다.

3. '다음'을 눌러 이미지와 영상을 각각 편집합니다.

4. 캡션 및 콘텐츠 설정을 완료합니다. 이때 이미지/영상을 오른쪽에서 왼쪽으로 넘기며 의도한 순서대로 등록되었는지 반드시 확인해야 합니다. 이미지/영상은 한 번 등록하면 수정이 불가능합니다.

5. 등록을 완료했으면 캡션이 어떻게 보이는지 확인하고 필요할 경우 ⋮를 눌러 수정합니다.

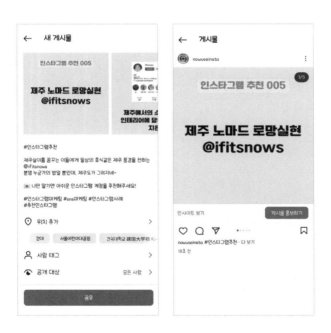

게시물 업로드하기 - 영상/릴스

릴스는 2020년 하반기에 출시되어 2021년부터 확산하기 시작했습니다.

초기에는 릴스와 영상이 혼재해 세로 영상이 아닌 것만 영상으로 분류했지만, 2023년 하반기부터는 모든 영상이 릴스로 통일되었습니다.

릴스가 세로 영상인 것은 스마트폰 화면에 최적화한 영상이기 때문입니다. 유튜브나 기타 영상 기반 플랫폼은 기존 영상 편집 문법에 따라 가로 영상과 세로 영상이 혼재합니다. 또한 가로 영상도 촬영 기기와 화질에 따라 크기가 제각각이죠. 인스타그램 역시 고정된 1:1 정사각형 사이즈에 영상을 욱여넣어 가로 영상도 세로 영상도 모두 보기 불편한 구조였습니다. 그래서 한동안 1:1 정사각형 방식의 영상 제작이 유행하기도 했습니다.

하지만 모든 영상을 릴스로 통일한 후, 인스타그램의 영상은 90초 이내의 9:16 사이즈로 일괄 등록되어 시청자의 편의성을 고려하기 시작했습니다. 이제 화면을 90도로 돌릴 필요 없이 무한 스크롤[7]로 영상을 감상할 수 있게 된 것입니다.

′ 따라서 영상을 가로로 촬영하더라도 세로로 보기에 불편함이 없도록 편집하는 게 중요하며, 처음부터 세로로 촬영하는 것이 가장 좋습니다.

게시물 등록에 앞서 스마트폰으로 찍은 영상을 90초 이내로 몇 개 준비해주세요. 물론 90초가 넘어도 편집을 통해 60초 이내로 줄일 수 있지만, 스토리 텔링 차원에서 가능하면 너무 길지 않은 게 좋습니다.

영상 준비를 마쳤다면 이제 등록을 해보겠습니다.

1. 인스타그램의 상단 또는 하단에 있는 ⊕을 누르고 🎬 릴스 를 선택합니다.

---

7. 현재의 무한 스크롤 방식은 실리콘밸리의 UX 디자이너 에이자 래스킨(Aza Raskin)이 개발했다.

2. 사진 또는 영상 모두 선택 가능합니다. 만약 한 번에 영상과 이미지를 여러 개 등록해 편집하고 싶다면, 오른쪽 위에 보이는 ⬚를 눌러서 상태로 만들면 복수 선택을 할 수 있습니다.

3. 영상을 선택했으면 왼쪽 아래 '동영상 편집'을 눌러 영상을 편집합니다. 이때 너무 긴 영상은 자르고, 다른 영상이나 사진을 이어붙이고 싶으면 추가도 가능합니다.

4. 영상 하단의 편집 메뉴를 '타임라인', 편집 요소를 각각 '트랙'이라고 부릅니다. 트랙 중 가장 위에 있는 것이 원본 영상이고, 그 아래에 오디오 추가, 스티커 추가, 텍스트 추가 트랙이 있습니다. 각 트랙은 손가락으로 꾹 눌러서 영상의 등장 및 소멸 구간과 길이를 조절할 수 있습니다.

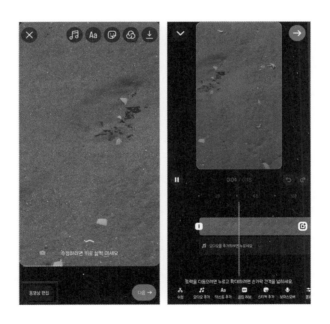

5. 영상에 다른 영상이나 이미지를 추가하고 싶으면 영상 트랙에 보이는 ▣를 누릅니다. 추가하는 방법은 동일합니다.

6. 화면 제일 아래 편집 메뉴 중 보이스오버 버튼을 누르면 영상에 직접 목소리를 등록할 수 있습니다. 최근 인스타그램에서는 영상 촬영 후 본인의 목소리로 설명하는 릴스가 증가하고 있습니다. 영상을 직접 보면서 내레이션할 수 있고 컷 편집(한 컷 한 컷 잘라 이어붙이는 방식)도 가능합니다. 하지만 미리 영상을 보고 원고를 준비해두는 것이 편집하는 데 용이합니다.

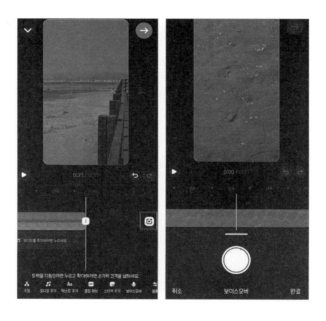

7. 내 목소리 외에도 오디오 추가 버튼을 눌러 배경음악을 넣을 수 있습니다. 인스타그램에서는 최신 K-POP부터 리믹스, 효과음까지 다양한 음원을 무료로 제공합니다.

하지만 저작권 문제로 상업적 사용이 불가능한 경우 프로페셔널 계정에서는 사용할 수 없는 사례가 있으니 음원 선택 시 확인이 필요합니다. 또 릴스로 저장한 영상을 다운로드받을 때 역시 저작권에 따라 대부분 음원이 삭제되므로 외부 SNS 활용 시 주의하기 바랍니다.

8. 아울러 텍스트 추가 버튼을 눌러 영상 위에 문장을 삽입할 수 있으며, 스티커 추가 버튼으로 영상에 귀여움을 한 스푼 더할 수도 있습니다. 이렇게 다양한 편집 요소는 각각의 트랙마다 개별적으로 편집 및 추가/삭제가 가능합니다.

9. 영상 작업이 끝나면 오른쪽 상단의 ⊙를 눌러 완료하고 캡션과 설정을 편집합니다. 2022년부터 릴스도 스토리처럼 설문, 퀴즈, 이모티콘 슬

라이더 스티커를 추가할 수 있습니다. 이 중 설문은 릴스 캡션에서 추가 가능하며 순차 적용되고 있습니다. 릴스에 대한 반응도 수집할 수 있고요.

10. '사람 태그'를 이용해 공동 작업자를 지정할 수 있지만, 인사이트 같은 릴스 정보는 최초 등록자만 조회 가능합니다.

11. 여행이나 특정 지역 관련 릴스를 등록할 때는 반드시 '위치 추가'를 하는 게 좋습니다. 인스타그램에서 추천과 인기 알고리즘이 아닌 최신순으로 보여주는 곳은 아직 '위치'뿐이며, 지역 정보는 당분간 해당 알고

리즘을 유지할 것 같습니다.

12. 모든 걸 완료했으면 '다음' 버튼을 눌러주세요.

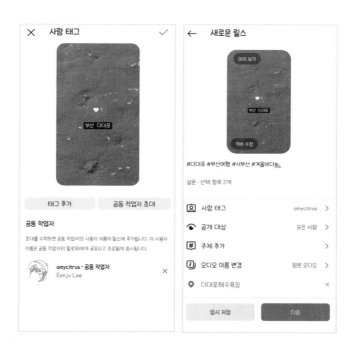

13. 등록된 릴스를 확인해보면 공동 작업자가 게시자로 함께 등장합니다. 이는 친구 또는 연인과 공동으로 작업했을 때, 또는 타 브랜드의 의뢰로 게시물을 등록했을 때 활용할 수 있습니다.

14. 설문을 등록하면 댓글 입력 시 해당 항목이 나타납니다. 참여자만 결과를 볼 수 있으며 누가 참여했는지는 알 수 없습니다.

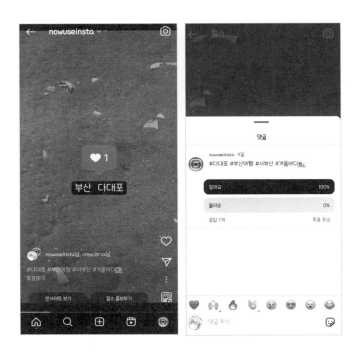

게시물 업로드하기 - 스토리

스토리는 추천 알고리즘으로 보여주는 기존 콘텐츠와 달리 팔로워들과의 소통에 더 중점을 둔 콘텐츠입니다. 그래서 인스타그램 최상단 영역을 통해 실시간으로 스토리 게시 여부를 확인할 수 있습니다. 더 즐거운 소통 경험을 위해 인스타그램 스토리는 설문, 퀴즈, 질문과 답변, 외부 링크, 게시물 공유 등 팔로워가 게시자와 함께 만들어가는 다양한 인터랙티브 스티커를 제공하고, 참여한 팔로워는 누구이고 눈팅족은 누구인지도 알려줍니다. 이는 더 적극적인 소통을 독려하기 위한 것입니다.

하지만 스토리는 24시간만 노출되므로 오래 보관하고 싶다면 반드시

'하이라이트'로 등록해 관리해야 합니다. 하이라이트 관리에 대해서는 뒤에서 따로 설명할 예정입니다.

스토리와 릴스는 등록 방법이 유사하지만, 인스타그램은 스토리에 더 다양한 편집 효과를 제공합니다.

1. 인스타그램 상단과 하단에 있는 ⊕을 누르고 ⊕ 스토리 를 선택합니다.

2. 이미지나 릴스 등록 때처럼 사진을 선택하거나 직접 촬영합니다.

3. 사진 상단 메뉴에서 편집 방법을 선택합니다. 문자, 스티커, 배경 효과, 배경음악 선택은 물론 낙서하듯 직접 이미지/영상에 그림을 그리는 것도 가능합니다. '저장' 메뉴를 통해 편집 후 별도로 편집된 영상/이미지를 내려받을 수도 있습니다.

4. 스티커 를 눌러 이미지에 다양한 효과를 적용해봅니다. 효과는 수시로 제공했다가 사라지기도 합니다. 그 가운데 중요한 것만 알아보겠습니다.

● 위치	영상과 관련된 지역을 태깅합니다.
@언급	다른 인스타그램 이용자를 태깅합니다.
📷 직접 추가	다른 인스타그램 이용자가 정해진 주제에 맞는 다른 연관 스토리를 올릴 수 있습니다.
질문	질문을 등록하고, 팔로워들이 참여할 수 있습니다. 질문을 확인하고 답변 스토리를 추가 제작할 수 있습니다.
Q	움직이는 Giphy 스티커를 붙일 수 있습니다.
아바타	내 아바타를 추가할 수 있습니다.
🎵 음악	인스타그램에서 제공하는 음악을 검색해 적용할 수 있습니다.
직접 추가 템플릿	인스타그램 기능과 사전 제작한 이미지로 템플릿을 만들 수 있습니다.
⇝ 설문	설문을 추가하고 응답을 받을 수 있습니다.
퀴즈	간단한 퀴즈를 내고 응답을 받을 수 있습니다.
😊	이모티콘을 활용해 만족도를 슬라이드 방식으로 나타낼 수 있습니다.
🔗 링크	외부 URL을 등록하고 이동할 수 있습니다.
#해시태그	외부 URL을 등록하고 이동할 수 있습니다.

5. ⊜를 눌러 퀴즈를 적용해보겠습니다. 질문과 응답 항목을 입력합니다.

6. 필터⊛를 눌러 사진도 멋지게 바꿔봅니다. 색 변경뿐만 아니라 다양한 방식으로 변형할 수 있습니다.

7. 모든 편집을 끝내면 화면 하단에서 ⊙를 눌러 등록합니다. 스토리는 일반 게시물이나 릴스와 달리 캡션을 별도로 입력할 수 없습니다. 간단한 말은 ⓐ를 눌러 스토리 안에 삽입해야 합니다.

8. 스토리 등록을 완료하면 프로필 이미지에 빨간색 원이 생깁니다. 등록이 잘 끝났다는 뜻입니다.

9. 이제 내 프로필 이미지를 선택하면 누구나 스토리를 볼 수 있습니다. 인터랙티브(상호작용) 스티커가 있다면 참여하는 것도 가능합니다. 이렇게 해서 퀴즈가 포함된 스토리 등록을 완료했습니다.

10. 퀴즈 같은 응답형 스티커의 결과는 내 스토리 오른쪽 아래에 생긴 다른 이용자들 프로필을 선택해서 볼 수 있습니다. 조회한 사람을 확인하고 싶을 때도 같은 방법을 활용합니다.

이처럼 스토리는 내 스토리에 참여한 사람뿐만 아니라, 조회한 사람을 모두 볼 수 있습니다. 조회만 하고 반응하지 않는 사람들을 위한 인센티브를 찾아 더 많은 상호작용을 이끌어내라는 의미입니다.

하지만 혹시 첫사랑의 인스타그램을 마주친다면? 스토리를 클릭하지 않도록 주의하세요!

요즘 유행하는 트렌드 찾기

"모방은 창조의 어머니"라는 말이 있습니다. 이 말을 곧이곧대로 해석해서 남의 것을 베끼는 일은 저작권을 위반하는 범죄 행위입니다. 하지만 SNS에서는 이 말이 틀린 게 아닙니다. 왜냐면 SNS의 알고리즘은 유사한 것만 보여주는 확증편향(confirmation bias)으로 움직이기 때문입니다.

확증편향이란 자신의 신념이나 생각과 다른 정보는 무시한 채 오직 자신한테 맞는 정보만 받아들이고 걸러내는 경향성을 말합니다.[8] SNS 알고리즘은 평소 이용자가 좋아하고 관심을 보이는 정보를 우선적으로 제공해 만족도를 높이려고 합니다. 이로 인해 우리는 인스타그램을 비롯한 많은 SNS에서 늘 비슷한 내용이나 의견을 가진 콘텐츠만 보게 되는 것입니다.

이런 알고리즘을 역으로 이용하면, 요컨대 내가 보여주고자 하는 내용과 유사한 콘텐츠나 유행하는 트렌드를 따라 할 경우 해당 주제에 관심 있는 이용자들에게 내 콘텐츠를 드러낼 확률이 높아집니다. 요즘의 트렌드를 찾아 그 표현 방법과 공식을 학습한 다음 자신만의 콘텐츠를 제작해보세요. 다시 한번 말하지만, 콘텐츠를 훔치는 것이 아니라 표현 방법을 학습해 자신만의 방식으로 따라 하는 것입니다.

인스타그램을 오래 사용하다 보면 '회원님을 위한 추천'이라는 콘텐츠가 피드에 나타납니다. 이것은 평소 내가 관심을 가지고 즐겨 보는 콘텐츠, 또는 내가 주로 올리는 콘텐츠와 비슷한 카테고리 중 현재 인기 있는 콘텐츠를 보여주는 것입니다. 추천 알고리즘은 아래와 같습니다.

---

8. 교육문화연구소. https://www.edulabkorea.com/

- 내가 자주 등록하는 콘텐츠와 유사한 콘텐츠
- 내가 평소 즐겨 보는 콘텐츠와 유사한 콘텐츠
- 내가 좋아요를 했거나 저장한 것과 유사한 콘텐츠
- 내가 저장하고 다시 보지 않고 있는 콘텐츠
- 내가 팔로우하고 있는 계정이 좋아하는 콘텐츠
- 나를 팔로우하고 있는 계정이 좋아하는 콘텐츠

즉, 나의 평소 인스타그램 이용 스타일을 참조해 인기 콘텐츠를 추천하는 것입니다. 그래서 내 관심사가 바뀌면 추천 콘텐츠 역시 바뀌게 됩니다.

이 추천 콘텐츠를 역으로 이용해 맞춤형 콘텐츠 교재 및 트렌드 교과서로 활용할 수 있습니다.

여러 개의 계정으로 추천 콘텐츠 최적화하기

다음의 3가지 콘텐츠는 각자 다른 3개의 계정으로 인스타그램 탐색 탭 Q 을 선택한 결과입니다.

A. 이 책을 쓰고 있는 '당써인'계정입니다. 인스타그램 운영, SNS 운영에 관한 추천 콘텐츠를 등록하고 있습니다. 이 경우에는 주로 SNS 마케팅에 관한 콘텐츠를 비롯해 새롭고 다양한 콘텐츠를 추천받습니다.

B.이 계정은 주로 반려견 사진을 등록하는 계정입니다. 팔로워들도 대부분 반려견 계정이고요. 따라서 탐색에서도 대체로 반려견이 등장하는 콘텐츠가 나타납니다. 예를 들면 반려견이 주인공인 콘텐츠, 반려견이 함께 등장하는 콘텐츠, 반려견을 소재로 사용한 콘텐츠가 여기에 해당됩니다.

A   B   C

C. 이 계정은 그림을 그리는 계정입니다. 탐색 탭 역시 그림이나 예술 관련 콘텐츠를 주로 보여줍니다. 현재 인스타그램에서 좋아요를 많이 받고 있는 창의적인 표현 기법 등을 파악할 수 있습니다.

인기 콘텐츠 추천 서비스 이용하기

유행하는 콘텐츠를 가장 먼저 접하는 것은 인공지능이나 알고리즘이 아닌 사람입니다. 아무리 인공지능이 발달했어도 아직은 빠르게 변화하는 유행을 파악하고 추천하기에는 한계가 있습니다. 이럴 때 활용하기 좋은 것이 포털의 인기 콘텐츠 추천 서비스입니다.

특히 다음 카페의 '지금, N시 인기글'은 매 시간마다 업데이트되는 인기게시물 큐레이션 서비스입니다. 공개 카페에서 매 시간 조회 수가 급상승하는 글들을 자동으로 노출해 보여주고 있습니다. 각 카페의 회원들은 인터넷상에 흩어져 있는 인기 콘텐츠를 적극적으로 정리해 등록합니다. 모든 커뮤니티를 다 둘러볼 수 없을 때, 빠르게 현재의 이슈를 파악하고 이용자들이 좋아하는 콘텐츠가 어떤 것인지 이해하기에 좋습니다.

유튜브 '인기 급상승' 코너는 비록 유튜브 영상 한정이긴 하지만 현재 사람들의 관심이 빠르게 증가하고 있는 주제가 어떤 것인지 파악할 수 있습니다. 실제로 인기 급상승에 등록되는 영상들만 편집해 팔로워를 모으는 인스타그램 계정이 우후죽순 생겨나고 있습니다.

유튜브 '인기 급상승'은 카페 인기 글에 비해 더 사회적 이슈에 민감한 경향이 있습니다.

《사피엔스》의 저자 유발 하라리는 〈EBS 위대한 수업〉에서 창의력을 "많은 기존 창작물의 패턴을 파악하고 섬세하게 분해한 다음 새로운 방식으로 조합하는 것"이라고 정의했습니다.[9] 인기 콘텐츠를 많이 보고 분석해 내 것으로 만들어보는 것 또한 창의적인 콘텐츠를 만드는 지름길입니다.

9. 유발 하라리, 'AI로 대체되기 가장 쉬운 직업은?', 〈EBS 위대한 수업〉. https://youtu.be/MYygMVtxy6c

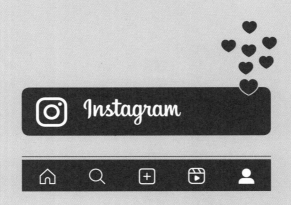

3

인스타그램
잘 써먹기

PART1   PART2

저자의 강의를 들으며 읽어보세요!

인스타그램 소통의 왕이 되자

인스타그램 소통이 필요한 이유

SNS의 의미를 다시 한번 되새겨봅시다. Social Network Service. 사회적 관계망 서비스입니다. 비록 내 손바닥만 한 작은 화면 속이지만 인스타그램 역시 사람들이 모여 있는, 살아 있는 세상입니다.

현실 세계에서 사람을 사귀려면 다음과 같은 과정을 거칩니다. 먼저 어떤 방법으로든 만나야 합니다. 학년이 올라가면서 자연스럽게 만날 수도 있고, 아니면 본인이 적극적으로 동아리 활동 등을 통해 만남을 추구할 수도 있습니다.

첫 만남 자리에서 다짜고짜 연락처를 달라고 하지는 않을 것입니다.

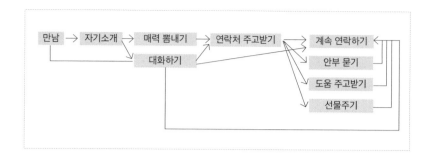

자신이 누구인지 스스로를 소개하거나, 먼저 대화를 시도하며 상대방과 서로를 알아갈 것입니다. 그런 후에 연락처를 주고받겠죠. 이때 상대방이 내게 호감을 느끼지 못하면 연락처 제공을 꺼리거나 연락처를 주고받아도 응답하지 않을 테고요.

연락처를 주고받았으니 이제 친해졌다고 할 수 있을까요? 그렇지 않습니다. 모든 관계는 먼저 주는(give) 것부터 이루어져야 합니다. 상대방이 나에 대한 호감도를 이어갈 수 있도록 계속 연락하고 안부를 물어봅니다. 상대에게 필요한 것이 무엇인지 파악하고 먼저 도움을 주거나 기념일 등을 챙깁니다. 너무 질척거린다는 느낌이 들지 않게 방향과 속도를 조절하는 것 또한 필요하겠죠.

이렇게 충분히 상대에게 나를 보여주어야만 상대도 나에 대해 관심을 갖기 시작합니다. 내가 했던 대로 내 안부를 물어보고, 나에게 도움을 주고 싶어 합니다. 물질적 도움만이 도움은 아닙니다. 내 관심사에 공감하고, 필요하면 주변에 나를 소개해주기도 할 것입니다. 그리고 가끔 나를 떠올리겠죠. 이제 우리는 친한 사이가 되었습니다.

인스타그램에서 '만남'은 나의 프로필이 공개되는 순간입니다. 자기소개는 내 프로필입니다. 나라는 존재에 대해 상대가 알 수 있도록 광고를 하거나, 상대를 찾아가 그의 좋은 콘텐츠에 호감을 표현합니다. 좋아요를 누르고 댓글을 답니다.

연락처를 주고받는다는 것은 맞팔로우를 하는 것입니다. 상대가 부담스러워 할 수도 있습니다. 그래서 꾸준히 내가 좋은 사람이란 걸 보여줍니다. 이 과정에서 너무 늦은 시간에 댓글과 호감을 표현해 상대의 잠을 깨운다거나, 지나치게 잦은 반응으로 불편을 느끼게 해선 안 됩니다. 은근히 친해져야 합니다.

댓글은 누구에게나 똑같이 복사해서 붙여 넣은 것 같은 내용이어선 안 됩니다. 콘텐츠 내용에 진심으로 공감하고 관심을 기울여야 합니다. 필요하면 직접 나서서 홍보하거나 관련 정보를 제공해야 합니다.

현실에서는 내가 누군가와 주고받는 대화를 조용히 지켜보는 빅 마우스들이 있습니다. 이들은 묵묵히 지켜보고 있다가 주변에 당신의 평판을 퍼 나릅니다. 인스타그램에서도 마찬가지입니다. 내가 주고받는 그 많은 댓글과 정보를 지켜보는 사람들이 있습니다. 그들을 통해 우리는 인스타그램의 알고리즘에 올라타는 겁니다.

현실 세계와 인스타그램 세계는 다르지 않습니다. 내가 좋은 콘텐츠를 올려놓았는데 아무도 알아주지 않는다고 불평하는 건 꽃단장을 하고 방 안에 들어앉아 사람들의 관심을 고대하는 것과 같습니다. 먼저 움직여야 합니다. 먼저 다가서야 합니다. 소통은 인스타그램의 첫걸음입니다.

현실적인 게시 빈도와 스케줄 정하기

인스타그램을 처음 시작할 때는 누구나 의욕이 넘칩니다. 매일 콘텐츠를 제작해 올릴 수 있을 것 같습니다. 당장 1만 팔로워, 10만 팔로워쯤은 금방 모을 수 있을 것 같죠. 내가 올리는 콘텐츠들이 모두 1만 따봉(좋아요를 친근하게 부르는 말)을 받고 댓글이 줄을 지을 것 같고요.

하지만 현실은 하루에 콘텐츠 하나를 등록하는 것도 어렵고, 고품질의 콘텐츠는 일주일에 한 번 올리는 것도 어렵습니다. 내가 밤새워 만든 콘텐츠에 아무도 반응하지 않고, 외국인 계정이나 부업 계정만 잠시 나를 팔로우했다가 사라집니다.

점점 의욕이 꺾이면서 콘텐츠 등록 주기가 벌어집니다. 그렇게 하루에 한 번 올리던 콘텐츠는 일주일에 한 번, 한 달에 한 번으로 줄어들다가 이내 멈추고 맙니다.

이렇게 되지 않으려면 내가 올린 콘텐츠를 한 명이라도 더 보게끔 노력해야 합니다. 그러기 위해서는 콘텐츠 품질을 유지하면서도 꾸준히 할 수 있는 현실적 게시 빈도와 스케줄을 정해야겠죠.

우선 내가 전업 인스타그래머가 될 수 있는지, 아니면 주업은 따로 있고 취미와 부업을 위해 하는 것인지부터 파악합니다. 주업이 있는 사람은 전업처럼 인스타그램을 운영할 수 없습니다. 이럴 때는 가끔 올리더라도 콘텐츠 품질을 유지하고, 평소 내 계정으로 소통 활동을 꾸준히 해야 합니다. 전업 인스타그래머가 목표라면 매일 일하듯 콘텐츠를 한두 개씩 등록해야 합니다. 이때는 콘텐츠 퀄리티보다는 스피드와 꾸준함이 관건입니다.

개설 후 1개월

인스타그램 개설 후 첫 1개월은 콘텐츠를 쌓는 기간입니다. 이 시기에는 다소 무리가 따르더라도 매일 콘텐츠를 등록합니다. 콘텐츠 1~2개만 등록해도 이른바 '대박'이 나는 것은 연예인이나 기존 인플루언서의 영역입니다. 일반인은 내가 누구인지, 내가 어떤 콘텐츠에 관심을 갖고 있는지 다른 이용자자들이 알 수 있도록 가능한 한 많은 콘텐츠를 등록해두어야 합니다. 매일 콘텐츠를 등록하려면 본격적으로 운영하기 전에 미리 많은 분량을 만들어두는 게 좋은 전략입니다.

콘텐츠를 많이 쌓아두는 게 좋다고 해서 한꺼번에 모든 콘텐츠를 등록해서는 안 됩니다. 인스타그램은 알고리즘으로 움직인다고 했습니다. 직전에 등록한 콘텐츠의 반응(인게이지먼트)을 보고 다음에 등록한 콘텐츠의 추천 여부를 결정하죠. 또 어쩌다 가끔 올리는 계정보다는 꾸준히 무언가를 게시하는, 그것도 비슷한 주제의 콘텐츠를 유지하는 계정이 알고리즘의 선택을 받을 확률이 더 높습니다. 한 번 알고리즘의 선택을 받으면, 그다음은 내 팔로워들의 활동에 따라 계속해서 추천의 연쇄 작용이 일어납니다.

그래서 첫 1개월은 콘텐츠를 매일 등록하면서 내게 맞는 운영 방법과 등록 시점, 톤앤매너를 체계화하는 기간으로 삼아야 합니다.

개설 후 1~3개월

개설 후 1개월간 열심히 콘텐츠를 쌓았다면, 그다음은 홍보를 해야겠죠. 이제 내가 운영하는 인스타그램에 볼거리가 충분히 생긴 셈이니까요. 하지만 콘텐츠 등록을 중단해서는 안 됩니다. 내 홍보 덕분에 인스타그램 팔로워를 맺었는데 콘텐츠를 업데이트하지 않는다면 애써 만난 팔로워들의 관심이 멀어질 것입니다.

인스타그램은 새로운 것을 좋아하지만 익숙한 것도 동시에 좋아합니다. 이 말은 팔로우하지 않는 계정이 보이는 반응도 좋지만, 기존 팔로워들의 반응을 가장 중시한다는 뜻입니다. 내가 올린 콘텐츠에 내 팔로워들이 바로바로 반응을 해주어야 소통에 충실한 좋은 콘텐츠라고 생각합니다. 그래서 소통 활동과 함께 새로운 콘텐츠를 계속 등록할 필요가 있다는 겁니다.

이제 슬슬 현실성 있는 콘텐츠 등록 주기를 생각해봐야 할 때입니다. 매일 1~2회 올리던 콘텐츠 업로드를 매일 1회 또는 2일에 1회 정도로 바꿉니다. 그리고 콘텐츠가 식상하거나 지루해지지 않도록 패턴을 만들어봅니다. 어떤 콘텐츠가 인기 있는지 테스트하는 것도 필요합니다.

나 자신은 물론 내 팔로워들이 만족할 만한 고품질의 콘텐츠를 제작하는 데 걸리는 시간도 파악해야 합니다. 언제나 힘을 잔뜩 주고 콘텐츠를 만들 수는 없으니까요. 나만의 패턴을 정해야 하는 이유입니다.

장기적으로 인스타그램을 운영할지 여부도 이 시기에 결정합니다. 처음 인스타그램에 콘텐츠를 올렸을 때 반응이 미미한 것은 당연한 일입니다. 나와 같은 신입이 너무도 많으니까요. 그러니 포기하지 말고 이 기간 동안 콘텐츠를 꾸준히 등록하세요. 등록 주기는 처음의 2~3배 간격이 좋습니다.

<해야 할 일>

- 콘텐츠별 제작 시간과 가능 여부 파악
- 내 팔로워들이 좋아하는 콘텐츠 파악
- 나의 톤앤매너 안정화
- 나의 인스타그램 본격 홍보

개설 3개월 이후

이제 내 인스타그램 콘텐츠 게시 주기를 확정해야 합니다. 게시 주기는 아래와 같은 기준으로 정합니다.

- 내 현생을 망가뜨리지 않으면서 제작할 수 있는 수준 파악
- 내 주제를 돋보이게 할 수 있는 콘텐츠 유형 선택
- 최소 6개월 이상 지속 가능한 소재와 콘텐츠 제작 스케줄 작성

전업으로 인스타그램을 하는 사람도 기획부터 제작까지 8시간 넘게 걸리는 콘텐츠를 매일 만들어 올릴 수는 없습니다. 내가 유지할 수 있는 수준을 정확히 파악해 나에게 맞는 스케줄을 짜야 합니다. 매번 같은 내용과 패턴의 콘텐츠를 게시하면 팔로워들이 쉽게 지루해할 수 있습니다. 따라서 내 주제에 맞는 콘텐츠 유형도 이제 확정해야 합니다.

만약 생활 정보와 관련 후기를 다루는 인스타그램을 운영할 예정이라면, 아래의 예시처럼 스케줄을 짤 수 있습니다. 첫 주에는 월요일, 수요일, 토요일에 콘텐츠를 등록합니다. 월요일에는 사람들이 한 주 동안

참고할 수 있는 내용의 정보성 콘텐츠를, 수요일에는 월요일 소개한 아이템 중 하나의 후기를, 토요일에는 이를 재미있게 구성한 릴스를 올립니다. 그다음 주에는 주말동안 취재한 내용을 바탕으로 화요일에 정보성 콘텐츠를 올립니다. 목요일 즈음에는 다양한 정보 경로를 통해 모은 자료를 큐레이션해서 보여줍니다. 그리고 토요일엔 아이템 중 하나의 체험 후기를 릴스로 재미있게 구성해 올립니다. 이 모든 것을 2주 단위로 반복합니다.

	월	화	수	목	금	토	일
1주	정보성		후기			정보릴스	
2주		정보성	큐레이션			후기릴스	

인스타그램 등록 스케줄의 예

인스타그램 운영 스케줄에 왕도는 없습니다. 하지만 확실한 건 모든 SNS 채널은 오래 운영하면 할수록 빛을 발휘한다는 것입니다. 마치 된장과도 같습니다. 우리 집만의 비법과 정성이 있어야 합니다. 해가 나면 볕을 쬐어주고, 비가 오면 장독 뚜껑을 덮어야 합니다. 그래서 장맛을 아는 한국인은 인스타그램 운영을 잘할 수밖에 없습니다.

댓글로 소통왕이 되자
인스타그램에서 중요한 건 소통입니다. 앞에서 소통이 왜 중요한지 말씀드

렸는데, 벌써 잊은 건 아니겠지요? 소통의 기본은 대화입니다. 그래서 댓글은 정말 중요한 소통 수단입니다.

인스타그램에는 2가지 유형의 댓글이 있습니다.

내 게시물 댓글에 반응하기

인스타그램은 이용자들의 반응이 풍부한 게시물을 좋아합니다. 그렇다면 이용자들의 반응을 가장 잘 이끌어내는 것은 무엇일까요? 멋진 사진? 재밌는 영상? 풍부한 이벤트? 모두 이용자들의 반응을 이끌어내는 데 필요한 요소이지만, 가장 중요한 것은 바로 그들의 댓글에 반응하는 것입니다.

소통은 어떠한 것이 막히지 않고 잘 통한다는 의미입니다. SNS에서의 소통은 서로 대화가 단절되지 않고 마음이 통하는 걸 말합니다. 대화의 기본은 기브 앤드 테이크(give & take)입니다. 내가 먼저 주고 받는 것입니다. 그런데 황송하게도 누군가가 내 콘텐츠에 먼저 댓글을 남겼습니다. 이럴 때는 빠르게 답장해주세요.

《지금 팔리는 것들의 비밀》이라는 책에서는 MZ세대를 매혹하는 방법으로 이미지와 댓글을 추천합니다. 작가는 MZ들이 "콘텐츠는 스킵해도 댓글은 꼼꼼하게 읽는다"라고 썼습니다. 이는 MZ세대뿐만 아니라 인터넷 이용자 대부분의 속성입니다. 내 콘텐츠에 댓글을 작성하는 사람보다 지켜보는 사람이 더 많습니다. 따라서 댓글을 통해 활발한 모습을 보여주는 것이 콘텐츠를 한 개 더 올리는 것보다 효과적일 수 있습니다.

댓글의 내용에도 집중해야 합니다. 나의 콘텐츠에 관심을 갖는 팔로워들의 말에 귀를 기울이세요. 그들의 말 속에 내 인스타그램을 성장시키는 비법이 숨어 있을 수도 있습니다. 비난성 댓글이 달리거나 지적을 당한다고 해도 실망하지 마세요. 그럴 때는 잠시 앱을 닫고 왜 그런 댓글이 달렸는지 생각해보세요. 그리고 진솔하게 답변하세요. 똑같이 비난해서는 안 됩니다. "좋은 의견이네요. 제가 개선해야 할 부분이 있을까요?" 이런 식으로 귀 기울이는 모습을 보여주는 것도 좋은 전략입니다. 애정 담긴 비판은 내 성장의 자양분입니다.

댓글이 단순한 안부 인사이거나 홍보성 내용일 수도 있습니다. 그래도 무시하지 말고 함께 안부를 물어보세요. "감사합니다" "행복하세요" "좋은 하루 되세요!" 이런 말은 언제 들어도 기분 좋은 답변입니다.

영국 유니버시티 칼리지 런던(UCL)의 특임교수 노리나 허츠(Noreena Hertz)는 《고립의 시대(The Lonely Century: How to Restore Human Connection in a World That's Pulling Apart)》에서 현대인이 겪고 있는 외로움을 다루었습니다. 인간은 '서로 함께하는 동물'이기 때문에 외로움을 느낄수록 타인과 더 연결되길 바란다고 합니다. 이를 해결하는 가장 좋은 방법이 바로 감정의 교류이며, SNS에서는 댓글이 바로 이런 역할을 합니다. 댓글은 팔로워와의 관계를 강화하면서 나 역시 치유받는 과정입니다.

또한 댓글은 댓글을 불러일으킵니다. 묵묵히 지켜보던 사람들도 용기를 낼 수 있게 만듭니다. 댓글이 풍성한 콘텐츠는 인스타그램 알고리즘에 의해 추천받을 확률이 높아집니다. 내 콘텐츠를 커뮤니티 공간으로 만드세요. 저는 이를 '댓글 커뮤니티'라고 부릅니다.

댓글에 진솔하게 대답하면 대화가 계속
이어진다.
(출처: 인스타그램 금성관나주곰탕 계정)

남의 게시물에 댓글 달기

남이 내 게시물에 댓글을 다는 것이 내 인스타그램을 풍성하게 만드는 행
동이라면, 남의 게시물에 내가 댓글을 다는 것은 영업 행위입니다. 즉, 내
가 누구인지 불특정 다수에게 홍보하는 것입니다. 미래에 나를 팔로우해
줄 미지의 누군가에게 나를 선보이는 과정이기도 합니다.

　　나와 비슷한 팔로워를 가진 계정을 찾아가 먼저 댓글을 달고 소통하
세요. 스팸 계정처럼 콘텐츠와 상관없이 일방적으로 내 자랑만 하라는 게
아닙니다. 상대의 콘텐츠에 공감하고 예의를 갖춰 댓글을 달아주세요. 댓
글이나 좋아요 같은 행동을 인게이지먼트라고 합니다. 인게이지먼트가 발
생하면 콘텐츠 작성자에게 알림이 갑니다. 내 콘텐츠에 반응한 사람이 누
군지 궁금한 건 인지상정입니다. 나의 작은 행동으로 사람들이 나를 찾아
오게 만드는 거죠.

댓글은 공개된 소통 공간입니다. 나에 대한 첫인상을 잘 남기는 것이 중요합니다. 다시 한번 강조하지만, 댓글을 작성하는 사람보다 지켜보는 사람이 더 많은 곳이 인스타그램입니다. 나의 모습이 호감을 준다면 숨은 관찰자들이 먼저 나를 팔로우할 것입니다. 그들이 찾아왔을 때 볼거리를 풍성하게 갖춰두는 것도 잊지 마세요.

하지만 주의할 것이 있습니다. 인스타그램은 댓글이나 좋아요 활동을 과도하게 하는 홍보성 계정을 봇(bot: 자동으로 어떤 행동을 반복하는 소프트웨어)으로 의심합니다. 빨리 인스타그램을 키우고 싶은 욕심에 짧은 시간 동안 과도하게 많은 계정을 팔로우하고, 댓글을 달고, 좋아요를 클릭하는 것을 '인위적 활동'으로 판단하면 이용에 제한을 걸게 됩니다.

인위적 활동의 기준은 공식적으로 알려진 바 없습니다. 하지만 일반적으로 아래와 같은 경우 인위적 활동으로 여긴다고 알려져 있습니다.

• 좋아요: 시간당 1,000개
• 댓글: 시간당 200개
• 팔로우 및 언팔로우: 시간당 10명(1일 최대 200명)
• DM: 시간당 40~80명

위 기준이 절대적인 것은 아닙니다. 콘텐츠를 둘러보거나 누군가와 댓글을 주고받다 보면 기준을 넘을 수도 있습니다. 하지만 메타(META)에서는 그 이상을 정상적인 반응이라고 판단하지 않습니다.

또 한 번이라도 인위적 활동 때문에 제한을 받은 적 있는 계정은 해당 기준에 못 미치더라도 더 자주 그런 일을 당할 가능성이 높습니다. 요주의 계정이 되는 것이지요.

인위적 활동으로 제한을 받더라도 대부분 몇 시간이 지나면 해제되어 정상적인 활동을 할 수 있습니다. 하지만 그게 반복되면 활동 제한 시간이 점점 늘어나가다 결국에는 계정이 블록(사용 불가) 상태가 될 수 있습니다.

정상적으로 콘텐츠를 보고 반응하는 계정이라면 제한 조치를 받을 일이 거의 없으니 겁먹지 마세요. 그래도 만약 남들보다 타이핑이 빠르고 조작에 능숙해 본의 아니게 제한을 받았다면 다시 그런 일이 발생하지 않도록 주의해야 합니다.

DM으로 소통왕이 되자

DM(Direct Message)은 인스타그램의 메신저 기능입니다. 영문 그대로 '직접 메시지', 곧 1:1 메시지를 말합니다. 인스타그램 앱에 로그인했을 때 오른쪽 상단에 보이는 종이비행기 모양이 바로 DM 메뉴입니다. 만약 종이비행기에 빨간색 원 🚀이 표시되어 있다면 아직 확인하지 않은 메시지가 있다는 뜻이며, 숫자는 확인하지 않은 메시지의 수입니다.

종이비행기를 선택해 들어가면 내게 온 메시지를 확인할 수 있습니다. 또 나와 메시지를 주고받은 적 있는 팔로워의 현재 접속 상태 등도 알 수 있습니다.

'지금 활동 중'이라고 나와 있으면 바로 메시지를 보낼 수 있다는 의미이지만, 반드시 바로 답장이 온다는 보장은 없습니다. 일부러 본인의 활동 내역을 비공개로 하지 않는 한 활동 중이라고 뜨니까요.

푸른색 점이 찍혀 있는 것은 내가 아직 읽지 않은 메시지입니다.

오른쪽 상단의 를 선택하면 다른 사람한테 DM을 보낼 수 있습니다.

하지만 DM이 너무 많이 오거나 좀 더 프로페셔널하게 사용하고 싶다면 상단에 있는 '⋯'를 눌러 '도구'를 선택하세요.

여기서 '더욱 쉽게 답장하기'를 통해 DM을 효과적으로 관리할 수 있습니다.

콘텐츠 댓글 같은 오픈된 공간이 아닌 개별적 문의와 소통을 하고 싶다면 적극적으로 프로필에 해당 사항을 공지합니다. 그리고 '환영 메시지'와 '자주 묻는 질문'을 준비해두면 좋겠죠.

저장된 답장

반복되는 질문에 답변해야 하는 경우, 적절한 답장을 미리 저장해두었다가 꺼내 쓸 수 있습니다. 예를 들어 '추천'이라는 답장 키워드로 '네, 추천해주세요!!'라는 답변을 저장했다고 칩시다. 바로가기에 저장명으로 '추천'을 입력합니다.

그리고 이제 누군가가 '추천해도 될까요?'라는 질문을 합니다. 저장된 답장에서 '추천'이라는 단어가 들어 있는 답장을 꺼내서 써야겠죠? 메시지 창의 ⊕를 선택하면 '저장된 답장'이라는 항목이 나옵니다. 이 메뉴를 선택하면 내가 저장해둔 답장들을 꺼내볼 수 있죠. 저장명을 키워드로 해두면 혹시 어떤 답장을 해야 할지 기억나지 않을 때 참조할 수 있습니다.

'추천'이라는 답장을 선택하면 미리 저장해둔 '네, 추천해주세요!'라는 답장이 메시지 창에 뜹니다. 이제 보내기를 누르세요. 그러면 상대방이 내가 저장해둔 답장을 볼 수 있습니다. 반복적으로 비슷한 답장을 해야 하고, 그 내용이 많아 매번 새롭게 쓰기 번거로울 때 활용할 수 있는 기능입니다.

환영 메시지

자동 메시지 상단에 뜨는 인사말입니다. 기본값은 나의 프로필 소개 내용입니다. 이 메시지는 처음 대화를 시작할 때 한 번만 나오고 이후엔 나타나지 않으므로 간단한 인사말을 저장해두면 편리합니다.

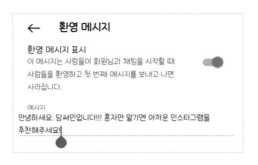

자주 묻는 질문

환영 메시지와 함께 처음 대화를 시작할 때 나타납니다. 질문은 최대 4개까지 등록 가능합니다. 평소 반복적으로 물어보는 질문이나 계정에 대한 소개를 등록해 홍보할 수 있습니다.

아직 나와 한 번도 대화한 적 없는 상대방이 내 계정에 메시지를 보

내기 위해 '메시지 보내기'를 선택하면, 환영 인사와 자주 묻는 질문 4개
가 먼저 뜹니다.

이 중 '왜 이런 계정을 운영하시나요?'를 선택하면 미리 저장해둔 답
변이 자동으로 발송됩니다. 디지털 세상은 24시간 연결되어 있다고 하지
요. 인스타그램에서는 내가 직접 하지 않아도 알아서 답장하는 자동응답
기를 무료로 제공합니다.

어떤 계정하고 자동 발송 메시지를 주고받았는지는 메시지함을 통해
확인할 수 있습니다. 내 자동 응답 봇이 상대방과 주고받은 기록이 그대로
DM에 남아 있으니까요. 혹시 중요한 메시지라면 먼저 말을 걸어보세요.

인스타그램으로 홍보하고 DM으로 주문을 받는 소상공인이 늘어나고 있습니다. 인스타그램 공동 구매 계정도 이 DM 기능을 적극 활용하고 있답니다. 꼭 상업적인 내용이 아니더라도 자주 사용하는 축하 문구, 인사말 등을 저장해놓고 인스타그램 소통왕이 되어보세요!

스토리로 소통왕이 되자

인스타그램 스토리는 미국의 MZ세대가 주로 이용하는 모바일 메신저 스냅챗을 모방한 기능입니다. 스냅챗은 보낸 메시지가 확인 후 24시간이 지나면 자동 삭제된다는 점 때문에 2010년대에 미국 10대와 20대의 사랑을 받았는데, 당시 페이스북은 이런 젊은 세대를 유인하기 위해 인스타그램에 유사한 기능을 도입했습니다.

인스타그램 스토리는 '확인 후' 24시간이 아닌 '등록 후' 24시간이 지나면 사라집니다. 그래서 시간이 지나면 다시 보지 못한다는 희소성을 강조하기 위해 이용자의 프로필에 아직 확인하지 않은 스토리가 있다는 걸 드러내고, 아예 인스타그램 최상단에 스토리만 등장하는 구역을 만들었습니다.

인스타그램 알고리즘이 인기 게시물과 추천 게시물 노출 위주로 바뀌었어도, 인스타그램 스토리만큼은 현재 시점에서 확인하지 않은 것 중 최신 순서로 볼 수 있습니다.

또 등록 후에는 댓글과 DM 외에 추가 소통 수단이 없는 일반 게시물이나 릴스와 달리, 스토리는 콘텐츠 그 자체로 팔로워와 소통할 수 있는 다양한 유희성 기능을 갖고 있습니다. 이런 점에서 스토리는 인스타그램만의 매력적인 콘텐츠 유형이라고 할 수 있죠.

인스타그램 스토리는 인플루언서와 기업뿐만 아니라 일반인에게도 활용도가 높습니다. 인스타그램 스토리 활용 아이디어에는 다음과 같은 것들이 있습니다.

질문 주고받기

인스타그래머 @ifitsnows는 본인만의 독특한 인테리어 감각과 필터, 그리고 제주도라는 특색 있는 지역을 연결해 제주도에서의 슬로 라이프(Slow Life)를 잘 보여주고 있습니다. 빈티지 느낌의 필터, MZ세대의 사랑을 받는 세련된 인테리어 공간을 보여줌으로써 슬로 라이프에 대한 팔로워들의 궁금증을 풀어줍니다. 이런 과정을 통해 팔로워들과 감정적 유대를 쌓고, 자신의 노하우를 자연스럽게 표현하는 것이지요.

다음 이미지는 @ifitsnows가 방 안 풍경을 항공 샷(하늘에서 아래를 보듯 촬영하는 기법)으로 등록한 스토리입니다. '방에 있는 식물들은 무슨 식물인가요??? 천장에 달린 식물이요!!'라는 질문에 답을 해주는 콘텐츠인데, 화분 하나하나에 텍스트 상자를 붙여 누구나 알기 쉽게 해놓았습니

다. 새로운 팔로워들도 유익한 정보를 얻을 수 있고, @ifitsnows에 대해 내적 친밀감을 갖기에 충분합니다.

외부 사이트 / 이벤트 페이지 링크 걸기

인스타그램은 원칙적으로 게시물에서 외부 링크를 걸 수 없습니다. 물론 링크를 소개할 수는 있지만, 클릭할 수 없는 그냥 단순 문자일 뿐입니다. 오히려 긴 URL 주소 때문에 캡션 문구 전달에 방해만 줄 뿐입니다. 하지만 스토리를 통해 외부 사이트 링크를 걸 수는 있습니다. 이는 스토리를 등록할 때 'URL'이라는 스티커를 통해 가능합니다.

글로벌 명품 브랜드 @burbery는 스토리를 화보로 활용합니다. 매력적인 모델들의 버버리 제품 착용 사진은 당장이라도 저장하고 싶지요. 그

리고 제품의 가격 및 정보, 다른 착용 사진도 궁금할 겁니다. 그런데 화면 위에 'SUMMER 2024'라는 컬렉션 이름과 함께 링크를 걸어두었습니다. 이걸 클릭하면 '버버리 2024년 여름 컬렉션' 화보 페이지로 이동해 멋진 사진을 계속 감상하고 구매까지 할 수 있습니다.

타인의 게시물 소개하기

내 제품에 대한 후기나 나를 언급한 타인의 스토리/콘텐츠를 내 스토리에 담아올 수도 있습니다. 앞서 인스타그램은 공식적으로 리그램을 지원하지 않는다고 했습니다. 하지만 스토리 기능을 업데이트하면서 타인의 게시물을 내 스토리에 담아올 수는 있게 되었습니다.

　마음에 드는 게시물 아래 있는 종이비행기 메뉴를 선택한 후 '스토리
에 추가'를 클릭합니다. 피드에 본인의 것인 양 게시할 수는 없지만, 스토
리를 통해 타인에게 좋은 콘텐츠를 알리는 것은 가능합니다.

　인기 캐릭터 '망그러진곰'을 만들어낸 유랑 @yurang_official은 인스
타그램을 통해 성공한 대표적인 작가입니다. 유랑 작가는 그래서 팔로워
들과의 소통 활동도 게을리 하지 않는데요, 본인의 팬클럽 '부아앙단' 네
이밍 역시 인스타그램 댓글의 응모와 투표를 받아 결정했습니다.

유랑 작가는 본인의 캐릭터를 구매한 팬과 부아앙단의 콘텐츠를 놓치지 않는데요, 특히 @yurang_official을 언급한 게시물을 자신의 스토리에 소개합니다. 프로필 피드는 본인의 작품 활동 공간으로 남겨두고 소통은 스토리를 통해 누구보다 활발히 하고 있습니다.

유랑 작가의 스토리를 통해 소개된 @saida._.1019는 평소 좋아하는 작가가 본인의 게시물을 보았다는 만족감과 유랑 작가의 34만 팔로워에게 자신의 존재를 알리는 기회까지 누리게 되었습니다. 아마 @saida._.1019는 꽤 오랫동안 이 기쁨을 추억할 테고, 망그러진곰에 대한 충성도 역시 높아질 것입니다. 소통은 나누는 것입니다.

내 게시물 알리기

인스타그램에는 하루에도 수천만 개의 콘텐츠가 등록됩니다. 인스타그램에 접속하면 내가 팔로워한 계정의 콘텐츠뿐만 아니라 광고, 추천 등에 묻혀 정작 내 콘텐츠조차 다시 보기 어려운 환경입니다.

글로벌 소셜 미디어 마케팅 솔루션업체 SocialPilot에 따르면, 1만 미만의 팔로워를 보유한 비즈니스 인스타그램 계정의 참여도는 1.11%라고 합니다.[10] 이는 내 팔로워에게 나의 게시물이 전혀 도달하지 않을 수도 있다는 얘깁니다. 인스타그램이 최신순에서 인기순으로 알고리즘을 바꾸면서 노출 가능성은 더욱 희박해졌습니다.

하지만 아직 인기순이 아닌 최신순 노출이 가능한 콘텐츠가 있습니

---

10. Sortlist 통계 요약. https://www.sortlist.com/datahub/reports/instagram-statistics/

다. 바로 인스타그램 스토리입니다. 인스타그램 스토리를 통해 내 게시물을 홍보할 수 있습니다. 방법은 앞서 설명한, 타인의 콘텐츠를 내 스토리에 공유하는 방법과 같습니다.

그야말로 '내콘소(내 콘텐츠를 소개합니다)'입니다.

스토리는 소통을 위한 공간이기 때문에 지나친 홍보성 콘텐츠나 잦은 등록은 팔로워들을 지치게 할 수 있습니다. 하지만 팔로워들에게 내 콘텐츠를 매력적으로 소개한다면 유료 광고 없이 내 콘텐츠를 알릴 수 있는 최고의 방법입니다. 여기에 스토리 스티커를 활용해 실시간 정보를 주고받는다면 그 파급력은 무시하지 못할 수준이 될 것입니다.

스토리로 질문 답변 콘텐츠 등록하기

인스타그램 스토리에서 가장 사랑받는 기능은 아무래도 '질문하기-답변하기'일 겁니다. 연예인도 팬들과의 소통에 즐겨 사용하는데요, 스토리 스티커 기능을 통해 쉽게 제작할 수 있습니다.

1. '스토리 등록'을 눌러 등록할 영상 또는 사진을 불러옵니다. 화면 상단의 꾸미기 기능 중 '스티커'를 선택합니다.

2. 가장 먼저 나타나는 스티커 중 '질문'을 선택합니다.

3. 기본 질문을 그대로 두거나 '무엇이든 물어보세요'를 터치해 질문을 바꿔줍니다. 회색으로 된 '내용을 입력하세요'는 수정되지 않으니 놔두고 하단의 ⊙를 눌러 등록을 완료합니다.

4. 등록이 완료된 화면입니다. 다른 계정에서 이 스토리를 보며 '내용을 입력하세요'를 선택하면, 스토리를 등록한 사람에게 질문할 수 있습니다. 질문 내용은 계정 주인만 볼 수 있습니다. 하지만 '답변하기'를 통해 다시 누구에게나 공개할 수 있습니다. 단, 질문자가 누군지는 공개되지 않습니다.

5. 스토리를 등록한 @nowuseinsta 계정에서 열린 화면입니다. 화면 아래에 '활동'이라는 메뉴가 보이는데, 이걸 선택하면 내 스티커를 통해 들어온 질문을 확인할 수 있습니다. 앞서 @omysitrus가 물어본 질문 '어디인가요?'가 보이네요. 민감한 질문은 DM으로, 유쾌하고 누구나 알아야 할 내용은 '답하기'를 눌러 다시 스토리를 제작합니다.

6. 화면 상단의 Aa를 눌러 글 상자를 추가합니다. '재인폭포예요'라는 답변을 쓰고, 글 상자와 질문 상자 위치를 조정한 후 기존 스토리 등록과 같은 방법으로 등록합니다.

7. 스토리가 하나 더 추가되었습니다. 이 스토리는 24시간이 지나면 그대로 사라질 것입니다. 그동안 팔로워들과 즐겁게 소통하세요.

라이브로 소통왕이 되자

인스타그램 소통의 종착점은 인스타그램 라이브(Instagram Live)입니다. 보통 '라방'이라고 부르죠. 라이브 방송은 페이스북 시절부터 메타의 장점 중 하나였습니다. 수많은 인플루언서와 브랜드가 라이브 방송으로 생생한 현장을 전달하려고 노력했습니다.

현재 게임이나 남성향 라이브는 아프리카TV와 치지직으로, 일반 라이브는 유튜브로 대변되고 있죠. 특히 아이돌은 회원제 라이브 채널을 따로 운영할 정도로 라이브 방송은 인플루언서와 팬들 간 소통에서 필수적인 요소가 되었습니다.

인스타그램 라이브는 연예인과 인플루언서가 즐겨 이용하는 기능입니다. 하지만 일반인도 팔로워와의 소통, 대화, 공동구매 등 다양한 이유

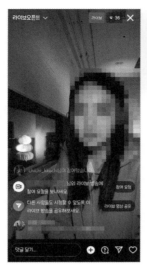

로 사용 폭이 넓어지고 있죠. 최근에는 한 연애 프로그램에 출연한 일반인이 방송에서 못 다한 이야기를 소개하거나 오해를 해명하기 위해 인스타그램 라이브를 적극 활용하는 모습을 보이기도 했습니다.

과거에는 유명인조차 방송을 통해 자기 의견을 펼칠 기회를 갖기 어려웠는데, SNS의 라이브 기능이 전 국민에게 방송국을 하나씩 쥐어준 것 같은 역할을 하기에 이른 겁니다.

하루 일과를 마친 사람들이 조용히 대화를 나누고 싶은 밤이 되면, 인스타그램 상단 스토리 피드에 Live 불이 들어옵니다. Live는 스토리보다 우선적으로 피드에 노출되며, 시간을 제한하는 만큼 팔로워들에게도 빠르게 참여 안내문이 뜹니다.

Live 불이 켜진 계정의 프로필 이미지를 선택하면, 라이브 방송에 참여할 수 있습니다. 누군가의 라이브에 참여하면 해당 방송을 내 팔로워들에게 알리거나 개별적으로 참여 요청을 보낼 수 있습니다. 또 좋아요, 라이브챗(Live Chat)은 물론 질문으로 방송에 참여할 수도 있죠.

라이브 방송 하기

라이브 방송도 일반 게시물과 마찬가지로 게시물 작성 버튼을 눌러 시작할 수 있습니다. 다만, 여느 게시물과 달리 바로 시작해야 한다는 부담감이 있기 때문에, 이를 완화하기 위해 연습 모드와 방송 예약 모드를 제공합니다. 만약 열심히 준비한 방송을 팔로워들에게 모두 보여주지 못했다면, 그 내용을 편집해서 릴스나 스토리로 바로 공유할 수 있습니다.

가능하면 라이브 방송은 내 팔로워들이 많이 접속하는 시간대에 하는 것이 좋습니다. 만약 내 팔로워들의 활동 시간과 나의 라이브 방송 시간에 갭이 있다면 미리 방송을 예약하고 팔로워들이 가장 많이 접속하는 시간대에 홍보 게시물을 올려 알리는 방법을 추천합니다.

Live는 다른 콘텐츠와 달리 제한된 시간 동안에만 진행하기 때문에 참여율이 기대 이하일 가능성이 높습니다. 그건 팔로워들이 내게 관심이 없어서도 아니고, 내 라이브를 보고 싶지 않아서도 아닙니다. 홍보가 부족하기 때문입니다.

라이브를 진행하는 방식에 맞춰 홍보 스케줄을 미리 계획합니다. 비정기적인 활동일 경우 팔로워들이 라이브 방송 자체를 모를 가능성이 높기 때문에 미리 라이브 예고 콘텐츠를 등록합니다. 여유가 있다면 광고를 하는 것도 좋습니다. 하지만 미리 알려도 방송 당일에 기억을 못 할 수

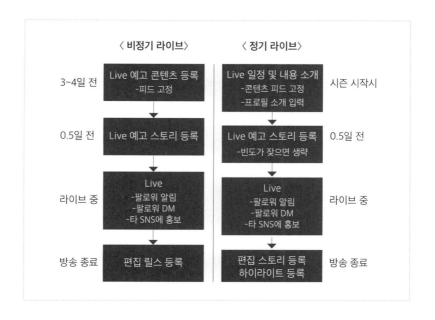

〈 비정기 라이브〉		〈 정기 라이브〉	
3~4일 전	Live 예고 콘텐츠 등록 -피드 고정	Live 일정 및 내용 소개 -콘텐츠 피드 고정 -프로필 소개 입력	시즌 시작시
0.5일 전	Live 예고 스토리 등록	Live 예고 스토리 등록 -빈도가 잦으면 생략	0.5일 전
라이브 중	Live -팔로워 알림 -팔로워 DM -타 SNS에 홍보	Live -팔로워 알림 -팔로워 DM -타 SNS에 홍보	라이브 중
방송 종료	편집 릴스 등록	편집 스토리 등록 하이라이트 등록	방송 종료

도 있겠죠. 따라서 방송 당일에 스토리를 올려 Live 진행 소식을 알립니다. 스토리가 밀려서 보이지 않을 수도 있으니 라이브 전에 한 번 더 등록하는 것이 좋습니다.

라이브 진행 중 반드시 참여해주길 바라는 분에게는 DM으로 방송 안내를 발송합니다. 다른 SNS 채널이 있다면, 그 채널을 이용해 안내하는 것도 괜찮습니다.

라이브 종료 후에는 내용 중 하이라이트만 뽑아 릴스로 등록하세요. 재미있고 유익하다면 다음 라이브 참여율이 높아질 것입니다.

정기적으로 라이브를 꾸준히 진행하려면 더욱 적극적으로 홍보해야 합니다. 프로필 소개란에 라이브 시간과 내용을 안내하고 피드에 관련 콘텐츠를 제작해 고정합니다. 스토리를 활용해 적극 홍보하는 것도 좋습니다.

하지만 너무 잦은 홍보는 피로감을 불러일으킬 수 있으니 주의해야 합니다.

앞서 언급했듯 라이브 후에는 중요한 부분을 편집해 스토리와 하이라이트로 등록합니다. 유독 재미있었던 내용이나 라이브 자체가 콘텐츠라면 릴스로 올려도 좋습니다. 하이라이트로 라이브 스토리만 잘 갈무리해놓아도 팔로워나 예비 팔로워가 라이브 참여를 부담스럽지 않게 생각할 수 있습니다. 개인 사정으로 라이브에 참여하지 못하는 분들에게도 도움이 되고요.

1. 인스타그램 상단과 하단에 있는 ⊕를 눌러 라이브 방송 탭을 선택합니다.

2. 라이브 세팅 화면이 나오면 라이브 방송 제목, 참가 대상, 예약 일정, 화면 전환 등을 설정합니다.

	라이브 방송 제목 설정
	라이브 방송 공개 대상 설정
	라이브 방송 예약 설정
	스마트폰의 경우 카메라 전면 후면 전환
	방송 메뉴 등 옵션 설정
	화면 효과(필터) 적용
	라이브 방송 시작

2-1. 화면 왼쪽에 있는 라이브 방송 제목 설정 버튼을 눌러 라이브 방송 제목을 추가합니다. 제목은 방송이 진행되는 동안 상단에 계속 노출 되므로 신중하게 작성합니다.

2-2. 왼쪽 메뉴에서 라이브 방송 공개 대상 설정 버튼을 눌러 방송 공개 대상을 설정합니다. 공개와 연습 모드를 선택할 수 있습니다. 처음 방송을 진행하는 게 두렵다면 연습 모드로 먼저 실습하세요. 필요하다면 특정 팔로워만 초대해 연습 방송을 진행하거나, 연습 종료 시 바로 공개로 전환할 수도 있습니다.

2-3. 왼쪽의 라이브 방송 예약 설정은 필수 옵션은 아닙니다. 만약 당장 방송하기 힘든 경우라면 여기서 방송 세팅 후 예약을 해두면 미리 팔로워들에게 알릴 수 있습니다. 또 방송 시간 전에 나에게 방송을 준비하라는 메시지를 통보해 잊지 않도록 해줍니다.

2-4. 화면 하단 라이브 버튼 옆에 있는 횡슬라이드를 넘기면 화면에 다양
한 효과를 줄 수 있습니다.

2-5. 세팅이 완료되면 라이브 방송 시작 버튼을 눌러 라이브 방송을 시
작합니다.

3-1. 라이브 방송 화면 아래에 있는 버튼을 이용해 공동 주최자를 초대하
거나 내 팔로워에게 라이브 방송 알림을 전송합니다.

3-2. 왼쪽 상단에서 방송 제목과 현재 시청자 목록을 볼 수 있습니다.

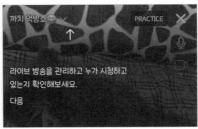

3-3. 화면 효과를 일시적으로 추가하거나 카메라 전환, 소리와 화면 ON/
OFF는 오른쪽 메뉴를 선택하면 됩니다.

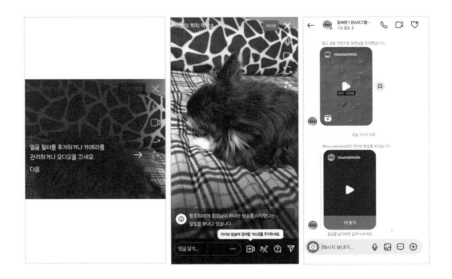

4. 라이브 방송을 시작하면 내 팔로워들에게 알림이 전송됩니다. 친한 친
구 사이부터 현재 접속 중인 팔로워에게 우선적으로 알립니다. 알림
은 즉시 발송되지 않고 일정 시간이 걸리기 때문에 종이비행기 버튼을

이용해 DM 홍보를 하거나 게스트를 추가하는 것도 좋은 방법입니다.

5. 이용자가 방송에 참여하면 손 흔들기를 통해 인사할 수 있으며, 참가자
   들은 아래 채팅창을 이용해 자유롭게 서로 대화할 수 있습니다.

6. 방송을 마치려면 오른쪽 상단의 × 버튼을 눌러 종료합니다.

7. 라이브 방송이 끝나면 간단한 요약과 함께 인사이트를 보여줍니다. 인
   사이트는 방송 참가자가 일정 인원을 초과해야 하며, 경우에 따라 집계
   에 시간이 걸릴 수 있습니다.

8. '공유하기'를 누르면 릴스로 저장할 수 있게끔 릴스 편집 화면으로 이
   동합니다.

9. 만약 시간 예약을 해두었다면, 15분 전부터 방송을 시작하라는 알림
   을 받습니다. 팔로워와의 약속이므로 예약 시간은 꼭 지키도록 합시다.

이벤트로 소통왕이 되자

최근 SNS는 이용자가 너무 많아 이벤트나 광고 없이는 자연적인(Organic) 성장이 어렵다고들 합니다. 물론 단기간에 성장하는 것이 어려울 뿐 좋은 콘텐츠와 꾸준한 소통으로 특별한 홍보나 이벤트 없이 성장하는 경우가 더 많긴 합니다.

이른바 KPI(Key Performance Index: 핵심 성과 달성 지표)를 중시하는 기업과 기관의 경우, 대부분의 콘텐츠에 이벤트를 달고 거기에 반응하는 팔로워들에게 사탕을 쥐어주고 있습니다. 이들은 고액의 광고비 지출 없이 기존 팔로워들이 만들어내는 인게이지먼트로만 콘텐츠 활성화를 유도합니다. 그리고 상당 부분 효과를 얻고 있죠.

이를 모방해 이젠 소상공인과 개인도 이벤트를 실시합니다. 하지만 이들의 이벤트는 기업과 달라야 합니다. 기업의 이벤트가 단기간의 목표 달성을 위한 것이라면, 소상공인과 개인의 이벤트는 팔로워와의 관계 강화를 위한 것이기 때문입니다.

〈소상공인과 개인을 위한 이벤트 가이드〉
- 기간: 하루 반짝, 단기간
- 경품: 할인 쿠폰, 상품, 모바일 상품권
- 대상: 팔로워
- 소재: 팔로워 수 달성, 개인적 경조사, 신상품 출시

[기간] 이벤트는 보통 시작한 날로부터 3일 이내에 가장 많은 팔로워가 참여합니다. 기간이 길어지면 이벤트에 대한 집중도가 낮아지고 관리하기 어려우므로 하루 또는 3일 이내에 끝내는 것이 좋습니다.

[경품] 소상공인은 제품을 제공하고 후기를 요청하는 것이 좋습니다. 개인이라면 소장품이나 커피 쿠폰 같은 모바일 상품권이 부담스럽지 않습니다. 개인 간 경품 거래라도 지나친 고액은 자칫 위법이 될 수 있으니 주의하세요.

[대상] 우리의 목표는 관계 강화입니다. 그러므로 팔로워를 대상으로 하되, 팔로워가 적은 상황이라면 이벤트 참여를 위해 팔로우를 유도하는 전략이 필요합니다.

[소재] 이벤트에는 이유가 있어야 합니다. 개인 인스타그램의 경우 비 오는 날도 한 가지 이유일 수 있습니다. 하지만 이유가 명확할수록 참여율이 높아집니다. 팔로워 수 달성, 개인 경조사, 신상품 출시 같은 이슈가 발생하면 이벤트를 통해 팔로워와 교류하세요. 팔로워에게도 경품 목적이 아닌 댓글을 달기 위한 이유가 필요합니다.

인스타그램에서 적용해볼 만한 이벤트 유형을 몇 가지 소개합니다.

•댓글 이벤트

축하 인사, 소감, 감상 등 간단하게 댓글을 작성하는 이벤트입니다. 3행시, 특정 응원 문구 따라 쓰기, 퀴즈 맞히기 등을 적극 활용합니다. 참여하기 쉽다는 장점 때문에 가장 많이 활용하는 이벤트입니다.

•스토리 공유

게시물의 종이비행기 아이콘을 눌러 팔로워들의 스토리에 담아가는 것입니다. 참여 방식이 간단하고 팔로워의 팔로워들을 유인하는 전략입니다. 하지만 스토리 특성상 24시간이 지나면 삭제되고, 스토리를 보지 않는 사람들에겐 노출 가능성이 없습니다.

•리그램

스토리 공유 기능이 생기기 전에 많이 하던 방식의 공유 이벤트입니다. 팔로워의 타임라인에 내 게시물이 뜨기 때문에 팔로워의 팔로워들에게 노출될 가능성이 높습니다. 하지만 리그램은 실행하기가 비교적 어렵기 때문에 최근에는 활용 빈도가 낮은 편입니다.

•스토리 스티커 활용

퀴즈, 설문 같은 스토리의 스티커 기능을 활용합니다. 참여하기도, 사후 관리하기도 쉽습니다. 하지만 24시간만 유지된다는 단점이 있습니다.

•팔로우와 맞팔로우

나를 팔로우하는 이벤트입니다. 팔로우 알람을 놓칠 수 있기 때문에 팔로우 후 이벤트 게시물에 댓글을 달게 하는 것이 안전합니다. 단기간에 내 계정을 키울 수 있지만 팔로워가 비활동적이거나 스팸 계정일 경우 내 계정도 영향을 받을 수 있으니 주의해야 합니다.

•친구 태그

팔로워의 팔로워를 내 콘텐츠 댓글에 태깅(@인스타그램이름)해서 내 계정을 홍보할 수 있습니다. 팔로워의 지인 관계가 노출되는 것이므로 신중해야 합니다. 이 경우 더 좋은 경품을 제시하거나 태깅된 친구와 함께 혜택을 주면 좋은 인상을 남길 수 있습니다.

•후기

소상공인이나 상품을 보유한 개인이 활용할 수 있습니다. 팔로워가 본인의 타임라인에 후기를 등록하고 나를 태깅하도록 합니다. 이 경우 모든 후기에 즉각 보상을 해주는 방법과 정기적으로 보상을 해주는 방법이 있습

캠핑 인플루언서 파파스캠핑의
팔로워 1만 달성 응원 댓글 이벤트.
협찬 물품을 경품으로 제공해
브랜드 홍보와 개인 계정 홍보 모두
이끌어내려 했다.

유아 교재 출판사인 처음교육의
2만 팔로워 감사 이벤트. 스토리
공유 시 커피 쿠폰을 제공했다.

니다. 팔로워가 아니라면 팔로잉해줄 것을 제안하고 신상품 샘플 등을 전

달하면 충성도를 높일 수 있습니다.

• 쿠폰으로 활용

콘텐츠 이미지 등을 저장해 오프라인/온라인에서 쿠폰으로 활용할 수 있

습니다. 가능하면 쿠폰 사용 후기를 올릴 수 있도록 친절하게 유도해 후기

이벤트에도 참여할 수 있도록 합니다.

그 밖에 팔로워를 초대하거나 콘텐츠 제안, 챌린지 이벤트 등을 활

용할 수 있습니다. 하지만 이런 이벤트로 기업과 경쟁할 수는 없습니다.

나만의 독특한 방식으로 이벤트를 기획하고, 자주 소통하세요.

리뷰가 곧 매출인 리뷰 커머스

글로벌 경영 컨설팅 회사 맥킨지&컴퍼니는 지난 2009년 디지털 세상으로 변화하는 마케팅 시장에 맞춰 CDJ(Consumer Decision Journey)라는 개념을 처음 제안했습니다. CDJ는 간단히 말해서 '소비자 구매 의사 결정 여정'입니다. 소비자가 온·오프라인에서 어떤 과정을 거쳐 우리 제품을 인지하고, 구매하고, 재구매까지 하는지에 관한 대표적인 모델입니다. 과거에는 제품과 기업을 알리고 상품 구매를 독려하기 위해 광고와 프로모션이 유효했다면, 오늘날의 소비자는 더 많은 접점에서 구매 결정을 한다는 것입니다. 이 모델 등장 이후 크고 작은 많은 기업이 디지털상의 마케팅 퍼널(Marketing Funnel)을 설계하고 수익을 최대화하는 퍼포먼스 마케팅에 집중하게 되었죠.

CDJ의 핵심은 마케팅 접점에서 과거처럼 대중매체 광고를 통해 설득당할 가능성은 줄어들고, 대신 주변인들의 입소문을 통해 의사 결정이 이루어진다는 것입니다. 특히 접점이 무한한 디지털 세상에서 잠재 고객의 의사 결정에 가장 큰 영향을 끼치는 것은 나와 유사한 소비 패턴과 라이프스타일을 가진 인플루언서나 선행 구매자의 리뷰입니다. 게다가 SNS 이용률이 80%를 넘어서면서 쇼핑몰 리뷰뿐만 아니라 주 이용 채널에서의 리뷰 또한 중요해지고 있습니다.

한국소비자원의 설문 조사에 따르면 무려 97.2%의 소비자가 구매 결정 과정에서 리뷰 콘텐츠를 검토하며, 72.4%의 소비자는 충분한 리뷰가 없으면 상품을 구매하지 않는다고 답변했습니다.[11] 그만큼 리뷰의 중요성이 커졌다는 뜻이죠.

---

11. '쇼핑몰 리뷰가 구매 전환율에 정말 도움을 주나요?'(출처: 오픈애즈). https://www.openads.co.kr/content/contentDetail?contsId=11544

구매 전 리뷰 확인 비율

97.2%
확인함

리뷰가 없을 때의 구매 결정은?

72.4%
대체로 구매 안 함

리뷰 콘텐츠가 구매 전환율에 미치는 영향력 / 출처: 한국소비자원

이는 비단 국내만의 현상이 아닙니다. 글로벌에서도 구매자의 긍정적 리뷰를 획득하기 위해 다양한 베네핏을 제공하는 등 유사한 보고가 잇따르고 있습니다. 11번가는 릴스하고 비슷한 숏폼 동영상 리뷰를 올리는 이용자를 우선 노출하고 상당한 혜택을 줍니다. 특정 상품만 판매하는 버티컬 쇼핑몰들은 비구매자도 리뷰를 쓸 수 있게 해서 되도록 많은 소비자의 경험이 구매로 이어지게끔 하고 있습니다. 이들은 소비자가 혼란스러워 하지 않도록 구매자와 비구매자를 별도로 표기하는 노력 또한 기울이고 있습니다. 제품 상세 페이지의 절반 이상이 구매자 후기로 채워져 있는 것도 같은 맥락입니다.

소비자는 단순히 제품이 좋다는 이유만으로 별 5개를 주지는 않습니다. 제품 구매 과정, 이용 만족도, 브랜드 사후 관리까지 모든 과정에 대해 리뷰를 작성합니다. 즉, 브랜드도 제품을 판매하는 것으로 끝나는 게 아니라 잠재 고객과 구매 고객 모두를 만족시키는 소통 활동을 꾸준히 해야 한다는 뜻입니다.

	지식 습득 (482)	장소 (458)	쇼핑 (427)	뉴스/이슈 (415)	업무/학습 (376)	생활 (341)	콘텐츠 (268)
중요 고려 요소 1순위	결과를 믿을 수 있는지	홍보/광고가 적은지 검색 결과를 다양한 형태로 제공하는지 타 사용자의 반응을 함께 제공하는지	홍보/광고가 척은지 타 사용자의 반응을 함께 제공하는지	결과를 믿을 수 있는지	기대한 결과를 정확히 제공하는지	결과를 믿을 수 있는지 자동으로 요약하거나 묶어서 제공하는지	타 사용자의 반응을 함께 제공하는지
제공 서비스	구글 나무위키/위키백과 ChatGPT(챗GPT)	인스타그램 X(구 트위터)	유튜브 인스타그램 카카오톡(#검색)	다음 네이트	구글 나무위키/위키백과 ChatGPT(챗GPT)	네이버 다음 네이트	유튜브 인스타그램 페이스북 틱톡

'검색 상황/목적별 중요 고려 요소(Key Usage Factor)와 서비스' 응답 결과

이를 위해 인스타그램만큼 좋은 채널도 없습니다. 구매자가 쇼핑몰을 포함해 개인 SNS 계정에서도 후기를 올릴 수 있도록 독려하고, 그것이 많은 잠재 고객에게 노출되도록 해야 합니다. 잠재 고객이 언제 어떤 채널에서 구매할지 알 수 없지만, 쇼핑 정보 검색은 상당수가 인스타그램과 유튜브를 통해 발생하기 때문입니다.[12] 콘텐츠 제작 난이도 측면에서 일반 소비자의 리뷰가 많은 인스타그램을 활용하는 것이 유리하겠죠.

나의 제품이나 서비스를 언급하는 숨은 고객을 찾아 혜택을 제공하고 지속적인 리뷰와 관심을 부탁하는 것은 인스타그램을 통해 제품을 홍보하고자 할 때 반드시 해야 하는 활동입니다.

이와 관련해 몇 년 전 필자가 겪은 사례를 소개합니다.

제가 지인에게 선물로 받은 더치 커피를 기록 삼아 등록했더니, 검색을 통해 필

---

12. 오픈서베이, 검색 트렌드 리포트 2024(http://www.opensurvey.co.kr)

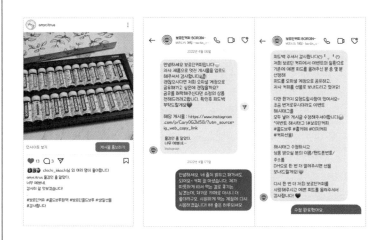

자의 콘텐츠를 발견한 커피 판매자에게서 연락이 왔습니다. 해당 브랜드는 제품 후기에 대한 감사와 함께 제 리뷰를 고객들에게 소개하는 대가로 프로모션 제품을 추가 제공하겠다고 제안했습니다. 저는 물론 동의했죠. 이 과정을 통해 또 한 번의 후기가 발생했고, 필자는 긍정적인 경험에 만족해 한동안 지인들에게 해당 제품의 전도사 역할을 하기도 했습니다.

나만의 콘텐츠로 승부하자

인스타그램에서 먹히는 콘텐츠의 비밀

내가 올린 콘텐츠를 많은 사람이 좋아해줬으면 하는 마음은 인스타그램을 운영하는 이라면 모두 같을 것입니다. 그렇다면 인스타그램에서는 어떤 콘텐츠가 사랑받을까요?

　　최근 KT 계열의 디지털 미디어렙 회사인 나스미디어가 발표한 '2024 인터넷 이용자 조사'[13]에 따르면 국내 인터넷 이용자의 77.7%는 현재 SNS를 이용 중이며 남녀 비율은 남성 76.5%, 여성 78.9%로 나타났습니다. 특

---

13. 나스미디어, 2024 인터넷 이용자 조사. https://www.nasmedia.co.kr/정기보고서/2024년-3월-2024-npr-요약보고서/

히 10대 92.4%, 20대 88.4%, 30대 80.8%를 기록해 1020세대의 경우 평균 90% 넘는 비율을 차지했습니다. 디지털에 익숙한 젊은 세대 대부분이 SNS를 생활화하고 있다는 뜻이죠.

전체 SNS 이용자 중 인스타그램 이용자는 남성 68.7%, 여성 72.6%로 여성의 비율이 다소 높았는데, 여성이 압도적으로 많을 거라는 예상과 달리 남성의 비율도 높아진 것을 알 수 있습니다. 그렇다면 이들은 왜 인스타그램을 이용하고 있는 걸까요?

인스타그램 이용 이유

순위	이유	응답률
1	흥미 있는 콘텐츠를 소비	49.9%
2	(오프라인) 지인/모임 게시글 확인	36.4%
3	관심 분야의 정보 검색/확인	34.9%
4	연예인/인플루언서 계정 게시글 확인	33.4%
5	일상생활이나 특별한 순간 게시/공유	33.2%
6	(오프라인) 지인/모임 게시글 반응	30.3%
7	흥미 있는 콘텐츠 공유	23.4%

Base: 각 서비스 1순위 이용자, N=1,043, 객관식 중복(출처: 2024 인터넷 이용자 조사)

위 표와 같이 사람들은 흥미 있는 콘텐츠 소비와 관심 분야의 정보 검색을 인스타그램 사용 이유라고 밝혔습니다. 즉, 인스타그램에서 원하는 콘텐츠를 제공했을 때 성공할 가능성이 높다는 뜻입니다. 일방적인 홍보보다는 흥미 있는 스토리, 정보성 콘텐츠가 먹히는 거죠.

그럼 구체적으로 어떤 콘텐츠를 올려야 할까요?

1. 생활 정보 콘텐츠

정보성 콘텐츠는 어떤 플랫폼에서도 베스트셀러입니다. 정보의 특성상 영상으로 보기엔 한계가 있고, 블로그는 게시자가 해당 정보를 정확히 알지 못하면 검색 결과에 반영되지 않는 아쉬움이 있습니다. 하지만 인스타그램은 카드뉴스 형태로 차근차근 볼 수 있고, 별도 저장해 다시 보기도 가능한 만큼 정보 콘텐츠를 전달하기에 최적화되어 있습니다. 게다가 표지를 포함해 10장 이내로 요약해야 해서 정보의 양이 방대하지 않다는 것도 장점입니다.

하지만 모든 정보 콘텐츠가 다 유리한 것은 아닙니다. 방대한 전문 정보나 영상으로 자세히 보고 따라 해야 하는 정보를 요약해서 보기에는 각각 블로그와 유튜브가 유리합니다. 반면 인스타그램에서는 누구나 바로 이해 가능한 생활 정보, 시각적 요소가 중요한 뷰티·패션·여행 정보, 음식과 관련된 식품·건강 정보 등을 선호합니다.

릴스가 유행함에 따라 생활 정보 중 가볍게 따라 하기 좋은 살림 TIP, 쇼핑 TIP, 코디 TIP 같은 하우투(HOWTO) 정보도 최근 인기 있는 콘텐츠입니다.

2. 아름다운 사진

인스타그램은 필터로 가공한 사진 공유 앱으로 알려지기 시작한 만큼 아름다운 사진을 좋아합니다. 실제로 많은 사진작가와 여행 작가들이 활동하고 있기도 합니다. 이왕이면 다홍치마라고 같은 내용이면 사진이 더 아름다운 게시물에 더 많은 하트가 찍히고 공유가 활발히 일어나죠. 물론 아름다운 사진이 인기 콘텐츠 노출을 보장하지는 않습니다. 하지만 노출되었을 때 더 빠른 시간에 공감을 이끌어내는 것은 아름다운 사진입니다.

아름다운 사진이 특히 돋보이는 분야는 단연코 뷰티, 패션, 여행 그리고 사람입니다. 이는 국내와 해외 이용자에 따라 차이가 있는데, 국내 이용자는 여행지 풍경, 뷰티, 인테리어, 패션처럼 정적인 사진을 선호하는 반면, 해외이용자는 인물과 이색적인 자연 풍경(여행지 외), 역동적인 움직임 등 생명과 생생함을 느낄 수 있는 사진을 선호하는 경향이 있습니다.

3. 유머

유머는 항상 인기 있습니다. 사람들은 본능적으로 재미있는 것을 좋아하기 때문입니다. 인스타그램에서 유머는 웹툰으로부터 시작했습니다. 과거에는 4컷 만화처럼 1~9장 이내에서 스토리가 종결되는 에피소드 방식의 유머가 흥행했습니다. 인스타그램에서 시작되어 성공한 웹툰들을 보면 알수 있죠. '인스타툰'이라고 부르는 이런 웹툰은 무거운 내용보다는 캐릭터가 분명하고 일상에서의 소소한 재미를 소재로 한 것이 많습니다. 공감과 함께 재미를 이끌어낸 겁니다.

그런데 릴스가 유행하면서 인스타그램에서의 유머도 틱톡이나 쇼츠처럼 순간 포착이나 상황극 위주로 바뀌었습니다. 90초라는 시간도 길어서 15~30초 이내에 끝나는 릴스도 증가하고 있죠. 이런 유머러스한 릴스는 뇌의 도파민을 자극해 이용자가 중독적으로 시청하게 만듭니다.

내 콘텐츠에 유머를 한 스푼 첨가해보세요. 반전이나 일상 속 재밌었던 에피소드를 활용하면 됩니다.

4. 반려동물

광고에는 성공하는 3가지 B가 있습니다. 아기(Baby), 미녀(Beauty), 동물(Beast). 이 3가지 중 하나라도 등장하면 그 광고는 평타 이상은 친다는 속설이 있죠. 인스타그램에서도 마찬가지입니다. 귀여운 아기와 아름다운 미녀는 성별과 나이를 막론하고 한 번쯤 시선이 가게 마련입니다. 하지만 일회성으로 끝나는 광고와 달리 콘텐츠는 연속성과 함께 맥락이 있어야 합니다. 그런 면에서 사람보다는 반려동물이 위험 부담은 적으면서 성공하기 쉬운 소재입니다.

인스타그램에서 성공한 반려견 스타도 많습니다. 지금은 무지개다리를 건넌 철수가 대표적입니다. 실제로 많은 동물 애호가들이 인스타그램에서 활동 중이고요.

1인 가구가 늘어나면서 외로움을 느끼는 사람들이 증가했습니다. 하지만 반려동물을 키우기에는 경제적 부담과 책임감이 막중하죠. 그래서 반려동물을 직접 키우는 대신 '랜선집사'라는 타이틀을 가지고 인스타그램의 반려동물들을 팔로우합니다.

반려동물 인플루언서는 사료, 패션, 동물용 의약품뿐만 아니라 때론 가구, 생활 가전, 심지어 부동산 홍보 모델이 되기도 합니다. 인스타그램을 통해 새끼 강아지 시절부터 노견이 될 때까지 지켜본 랜선 이모와 삼촌들은 기꺼이 주머니를 열어 제품을 구매하죠.

반려동물은 특별한 연기나 상황극 없이 일상생활 모습만으로도 사랑을 받습니다. 사람의 언어를 못 하므로 특별한 홍보 문구 없이도 계정 운영이 가능합니다. 인스타그램 반려동물의 인기가 높아지면서 지금은 거꾸로 주인(집사)이 반려동물의 매니저처럼 생활하기도 합니다.

5. 음식

'인스타그램'하면 '먹스타그램'이 먼저 떠오르기도 합니다. 먹는 것에 진심인 한국인에게 먹기 직전 음식을 촬영하는 것은 일종의 의식처럼 여겨지기도 하죠.

먹스타그램은 일종의 기록처럼 쓰이고 있습니다. 인스타그램은 '내가 이렇게 잘 먹고 다닌다'는 걸 과시하는 SNS라는 말도 있습니다. 그만큼 먹는 사진은 자기만족뿐만 아니라 남들에게 보여주기에 좋은 콘텐츠이기도 합니다. 여기에 위치 정보(상호명, 지역명 등)와 레시피가 결합하면 정보 콘텐츠로서 기능까지 갖게 되죠.

2023년 OECD 발표에 따르면, 한국인의 노동시간은 OECD 36개국 중 네 번째로 많다고 합니다. 하루의 대부분을 직장에서 보내고, 그 밖의 시간도 가사와 자기계발로 쉴 틈이 없습니다. 그런 한국인에게 한 끼를 잘 먹는다는 것은 단순히 끼니를 때우는 것 이상입니다. 그래서 먹스타그램으로 일상 속 재미와 의미를 찾아내려는 것입니다.

식당과 카페도 그런 손님들의 먹스타그램 성공을 돕고 있습니다. 음식 사진을 찍었을 때 더 맛있어 보이도록 가게 조명을 바꾸는 등 실내 인테리어를 개성 있게 꾸미기도 합니다. 이른바 '인스타갬성'이 가게의 성공을 좌

지우지합니다. 이렇게 인스타그램에 올릴 만한 장소와 상품을 제공하는 것을 '인스타그래머블(Instagramable)'이라고 부릅니다.

6. 여행

관광과 여행은 삶의 아주 특별한 순간입니다. 어느 날 갑자기 발생하기보다 계획을 통해 본인이 직접 만들어내는 비일상적 이벤트죠. 그래서 사람들은 일상을 벗어나고 싶을 때 여행 콘텐츠를 보면서 여행을 계획하기도 하고, 대리 만족을 느끼기도 합니다.

여행 콘텐츠는 단순히 여행 정보만을 말하는 것이 아닙니다. 여행 기록, 현지 먹거리, 풍경 사진, 현지 날씨 등 모든 게 여행 콘텐츠입니다. 과거 인스타그램 해시태그 최신순 정렬이 가능할 때는 여행 전 인스타그램을 통해 현지 날씨와 인파를 파악하고 떠나기도 했습니다. 오랜 시간 동안 준비해온 여행을 완벽하게 준비하고 싶은 마음 때문이었죠. 디지털 네이티브(Digital Native)들은 특히 실패에 대한 두려움이 크기 때문에, 사전에 여행지에서 경험해야 할 모든 정보를 검색하고 똑같이 따라 하길 원합니다.

여행 콘텐츠 중에서도 풍경 사진은 단연코 많은 사람의 공감을 이끌어냅니다. 사진 한 장으로 그 장소는 반드시 가봐야 할 누군가의 버킷 리스트가 되기도 합니다. 최근 여행 콘텐츠에서 유행하는 것은 특정 포즈를 따라 하는 겁니다. 마치 #챌린지처럼 말이죠.

과거 수학여행처럼 남들을 따라다녀야 했던 '관광'이 아닌 내가 원하는 장소에서 인스타그램 속 '멋'있는 음식을 즐기는 등 성공적인 여행을 만들고 싶은 마음이 인스타그램에서 여행 콘텐츠가 흥행하는 이유 아

인스타그램의 '장소'탭은 아직 '최신 게시물'로 조회 가능하며, 랜드마크의 다양한 정보를 얻을 수 있다.

닐까 싶습니다.

멋진 사진만 성공할 수 있다는 허상

인스타그램을 시작하라고 하면 "나는 사진을 잘 못 찍어서" 또는 "그런 건 끼 있는 사람만 하는 거지" 하면서 망설이는 사람이 종종 있습니다. 하지만 멋진 사진만 인스타그램에서 성공하는 것은 아닙니다.

　독일의 문화평론가 발터 벤야민(Walter Benjamin)은 "사진이란 평소 우리가 놓치고 지나치던 것들, 미처 지각하지 못했던 것들, 미처 상상하지

못했던 것들을 기계적인 수단을 통해 그대로 드러내는 것"이라고 했습니다.[14]

이 말은 일상 속에서 우리가 놓치고 지나가는 모든 순간이 바로 사진으로서 가치가 있다는 것입니다. 콘텐츠 역시 마찬가지입니다. 우리는 SNS에서 기업이 자본을 들여 포장한 콘텐츠, 화려한 개인적 스킬을 보유한 인플루언서와 작가들의 콘텐츠를 먼저 접하다 보니 쉽게 기죽을 수 있습니다.

어쩌다가 한 번 올리는 콘텐츠라면 그럴 수 있습니다. 하지만 인스타그램은 오랜 시간 꾸준하게 운영해야 하는 것이고, 꾸준함에는 '맥락'이 존재합니다. 어둡고 흐린 사진이라도 그걸 촬영한 사람이 약시 같은 시각적 핸디캡을 갖고 있다면 감동을 줍니다. 그냥 낙서 한 줄 같아 보이는 것도 그 집 아이의 첫 연필 그림이라는 걸 알게 되면 피카소 작품보다 멋진 추상화라고 느낄 수 있습니다. 그리고 콘텐츠 제작은 스킬이기 때문에 제작하면 제작할수록 조금씩 나아집니다. 지금의 내 실력이 마음에 들지 않다면 1년 전과 비교해보세요. 아마 얼마나 성장했는지 알 수 있을 겁니다. 내년에는 더욱 성장할 테고요.

콘텐츠는 진정성이 중요합니다. 아래 사진은 종로에 있는 백반집에서 운영하는 인스타그램입니다. 이 계정을 운영하는 분은 60대의 식당 여주인인데, 매일 아침 그날의 반찬 준비가 끝나면 한 상을 차려 스마트폰으로 조악하게 찍어 올립니다. 캡션도 '바빠요'한 줄입니다. 해시태그도 화려한

---

14. 1차 출처: 발터 벤야민, 《기술 복제 시대의 예술 작품─사진의 작은 역사 외》. 2차 출처: 충코의 철학 chungco. https://www.youtube.com/watch?v=jn_5OdtlEis

키워드 없이 그냥 #양지입니다죠.

멋진 사진이나 먹스타그램은 아니지만 집밥이 그리울 때마다 사람들은 이 식당 인스타그램을 보면서 정을 느낄 수 있습니다. 유독 대기 줄이 긴 날이면 그 모습을 찍어서 고맙다는 캡션과 함께 스토리에도 올립니다. 그 사진 역시 스마트폰으로 멀리서 찍은 것이죠. 구도도 엉망이고 수평도 맞지 않습니다. 그래도 감동을 줍니다.

톱스타 지진희 씨는 인스타그램을 못 하기로 유명합니다. 아니, 알고 보면 잘합니다. 그는 무표정의 정면 사진만 꾸준히 등록하는데요, 캡션도 #출근 #퇴근 #운동 그리고 촬영 중인 드라마의 제목 정도뿐입니다. 사진도 누가 찍어준 게 아니라 스마트폰 셀카 모드로 흐릿하게 촬영한 겁니다.

때론 너무 어두워서 화소가 다 깨진 경우도 있죠.

처음엔 배우가 셀카를 못 찍는다고 입소문이 났는데, 곧 이게 본인만의 콘셉트가 되어 사람들이 매일의 셀카 중 다른 사진 찾기를 하며 호응해주었습니다. 이처럼 어떤 콘텐츠든 꾸준히 하면 콘셉트가 됩니다.

3초도 길다: 1.5초 안에 시선을 잡아라

모든 SNS가 그렇지만 인스타그램은 무한 스크롤 방식의 피드로 작동합니다. 세로로 콘텐츠를 올려가면서 감상하는 무한 스크롤은 가로로 넘기는 방식보다 콘텐츠 간 이동을 훨씬 자유롭게 하죠. 그래서 짧은 시간 안에 더 많은 콘텐츠를 볼 수 있습니다. 이는 콘텐츠 제작자에게 유리한 환경이 아닙니다.

이용자들은 지루한 콘텐츠를 인내심을 가지고 보지 않습니다. 짧은 눈 맞춤으로 자신을 매료시키지 못하면 손가락 하나로 쉽게 넘겨버립니다. 여기에 SNS의 알고리즘은 유사한 콘텐츠를 계속 보여주며 이용자가 오래 머물게 하죠. 즉, 제작자는 유사한 다른 콘텐츠와 경쟁해야 합니다. 더 재밌고 더 유익한 콘텐츠로 한눈에 상대를 사로잡아야 하는 것입니다.

이런 무한 스크롤과 알고리즘의 조합이 뇌에서 도파민 배출을 유도해 시간가는 줄 모르고 릴스와 사진을 넘겨보게 만드는 원리입니다. 무한 스크롤에서 3초는 매우 긴 시간입니다. 눈을 두어 번 깜빡하는 1.5초 안에 재미를 느끼지 못하면 끝입니다. 다대일 미팅에서 상대의 시선을 빼앗지 못하면 애프터도 없는 것입니다.

그렇다고 사람들이 진지하고 무거운 내용을 보지 않는 것은 아닙니다. 첫눈에 들면 의외로 조금 더 인내심을 발휘할 줄 압니다. 그 인내심은 첫인상을 확인하고자 하는 의지에 다름 아닙니다. 즉, 자신이 본 그 인상적인 장면은 어떤 맥락에서 나온 것인지, 뒷이야기가 궁금한 것이지요. 릴스는 엔딩 장면에서 시작해 다음 편이 바로 이어지는 짧은 드라마인 셈입니다.

예를 들면, 어떤 릴스에서 강아지 얼굴이 온통 흙 범벅입니다. 강아지는 마치 뭔가 눈치를 보고 있는 것 같습니다. 강아지한테 무슨 일이 있었는지 궁금하지 않나요? 강아지는 어쩌다가 흙 범벅이 되었을까? 눈치를 보면서 무슨 행동을 하는 걸까? 그래서 클릭을 했는데 강아지가 내내 그러고만 있는 영상이라면 귀여운 강아지를 본 것에 만족하고 잠시 후 그냥 나올 것입니다. 그런데 클릭을 했더니 눈치를 보는 강아지 옆에서 주인이 더 심한 흙 범벅 상태로 망연자실 앉아 있는 영상이 뜹니다. 배경으로는 미친 듯 웃고 있는 다른 누군가의 목소리가 들리는데, 그 사람도 역시 흙 범벅입니다. 웃음이 나올 수밖에 없는 상황이죠. 그렇지만 이런 것도 클릭을 해야만 알 수 있습니다. 모든 걸 보여주겠다며 흙 범벅인 사람 둘과 강아지 한 마리의 모습을 덩그러니 보여주면 클릭은 일어나지 않습니다. 상황이 모두 그려지므로 궁금할 내용이 없는 것이지요.

이는 릴스뿐 아니라 카드뉴스에서도 동일합니다. 모든 걸 다 보여주면 클릭이 발생하지 않습니다. 빠르게 넘어가는 스크롤 속에서 순간 멈춰 클릭하는 불편함을 감수할 만큼 매력적이어야 합니다.

그럼 이런 기술은 어떻게 학습할 수 있을까요? 인스타그램 탐색 탭을 클릭해보면 인기 콘텐츠를 볼 수 있습니다. 탐색 탭 피드는 한 줄에 릴스 한 개와 일반 게시물 4개로 이뤄져 있습니다. 일반 게시물의 제목은 '~하는 N가지' '~하는 이유'가 많은 편입니다. 호기심을 자극해 보게 하려는 거지요. 하지만 모든 게시물을 이렇게만 운영할 수는 없습니다. 사람들의 관심을 얻는 방법만 배워두세요.

릴스 역시 마찬가지입니다. 릴스 피드는 유튜브 쇼츠처럼 영상을 한 개씩 보면서 넘기게끔 되어 있습니다. 그래서 1.5~3초 동안 멈춰 영상을 보게끔 할 동력이 필요합니다. 제가 예시하는 영상은 처음엔 아무 일도 일어나지 않다가 화면을 넘기려는 순간 달걀이 터지고 맙니다. 방심할 때를 노린 거죠. 결국 멈춰서 무슨 일이 벌어진 것인지 지켜보게 됩니다.

사람도 그렇지만 콘텐츠도 첫인상이 중요합니다. 내 콘텐츠가 상대에

게 어떤 첫인상을 남길지 고민하면서 제작해야 합니다. 다양한 방법으로
실험해보는 것도 즐거운 일입니다.

하이라이트로 관리하라

인스타그램 최고의 소통 수단은 DM, 스토리, 라이브입니다. 하지만 개인
적인 DM을 제외하면 스토리와 라이브는 공개된 소통의 기록임에도 불구
하고 내 프로필 피드에 등록할 수 없었습니다. 이렇듯 정성스러운 소통의
기록이 허무하게 사라지는 걸 원치 않는 사람들의 요구를 받아들여 인스
타그램 하이라이트가 탄생했죠.

　인스타그램 하이라이트는 스토리를 저장할 수 있는 카탈로그 기능입

니다. 인스타그램 라이브는 스토리로 먼저 변환해 공개한 후 하이라이트로 다시 저장 가능합니다. 프로필의 '팔로우' 버튼 아래에 있는 원형 메뉴가 바로 하이라이트입니다.

인스타그램 하이라이트는 개인과 기업이 다양한 용도로 사용하고 있습니다.

'원룸마트'처럼 쇼핑몰에서 운영하는 계정은 하이라이트를 세일 코너, 주인장 추천, 신상 구경 등 고객의 구매 의도를 반영한 추천기준으로 하이라이트를 만들어 소비자의 선택을 돕습니다.

글로벌 명품 브랜드 'PRADA'는 시즌 카탈로그와 그룹 소개, 기업 PR 위주로 하이라이트를 꾸며놓았습니다. 아무래도 재미는 떨어지지만 공식 채널로서 역할에 충실해 팬들에게 기업 철학을 보여주고 있죠.

꽃을 주제로 한 아트 작품과 사진을 선보이는 작가이자 디지털 크리에이터 'Joseph Horner'는 work partner를 기준으로 구분했습니다. 하이라이트별 커버 이미지를 팔레트 색상으로 나눠 예술가로서 감각을 뽐내고, 자신의 작품 소재인 꽃과 조화를 이루도록 했습니다.

'WFFT(Wildlife Friends Foundation Thailand)'는 태국 소재 야생동물 구호 단체입니다. 이들은 보호해야 할 태국의 야생동물을 하이라이트로 강

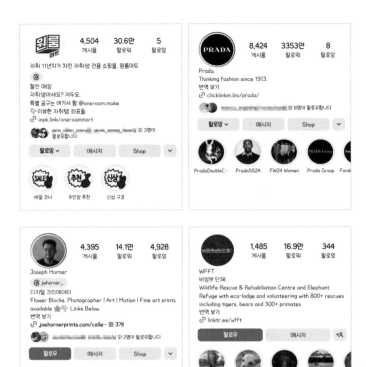

조합니다. 각 동물을 선택하면 그들의 생활상과 고통받는 모습, 습성 등을 보여주며 야생동물 보호의 당위성을 설득합니다.

　이렇게 하이라이트는 영업 활동을 도와주는 것은 물론 자신의 감각을 뽐낼 수 있는 기회를 제공합니다. 그간의 콘텐츠 기록을 저장하는 것은 기본이고요.

하이라이트 만들기

하이라이트는 프로필 화면에서 바로 만들거나 스토리 등록 후 만들 수 있습니다.

1. 스토리를 편집한 후 '공유'를 누릅니다.

2. 이 상태에서 '완료'를 클릭하면 스토리만 등록됩니다. 하지만 '기타 공유 대상'에서 '하이라이트에 추가'를 선택하면 스토리 등록과 함께 바로 하이라이트에도 등록할 수 있습니다.

3. 이때 스토리 이미지가 기본으로 등록되며 하이라이트 이름을 정할 수 있습니다. 예시에서는 이름을 '풍경'으로 지정했습니다. 이제 '추가'를 누

르고 완료합니다.

4. 그러면 '기타 공유 대상' 화면으로 넘어오면서 '풍경에 추가됨'이라는 공지가 뜹니다. '완료'를 누르면 스토리와 동시에 하이라이트에도 등록됩니다. 기존에 만들어둔 하이라이트가 있다면 해당 하이라이트로 지정할 수 있습니다.

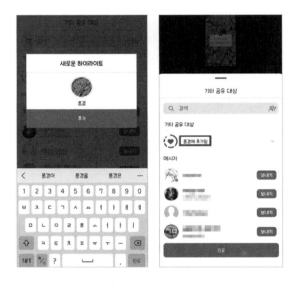

하이라이트 수정하기

하이라이트는 등록 후에도 수정/편집이 가능합니다.

1. 프로필에서 이미 등록된 하이라이트를 길게 꾹 누릅니다. 팝업 메뉴에서 '하이라이트 수정'을 선택합니다.

2. 하이라이트에 등록된 스토리 중 삭제할 콘텐츠가 있으면 여기서 체크
하면 됩니다. 커버를 수정하고 싶으면 원 아래에 있는 '커버 수정'을 누
릅니다.

3. 갤러리 이미지를 선택해 내 휴대폰에 저장된 이미지를 불러옵니다. 이
미지 자르기 말고 다른 편집은 불가능합니다. '완료'를 눌러 적용합니다.

4. 하이라이트 수정 화면에서 커버가 변경된 것을 확인한 후 '완료'를 눌
러 수정 내용을 적용합니다. 프로필 화면에서 하이라이트 커버 이미지
가 바뀝니다.

프로필 화면에서 바로 하이라이트 만들기

1. 프로필 화면에서 '+ 신규'를 선택합니다. 이미 하이라이트가 등록되어 있을 경우에도 똑같이 '+ 신규'를 눌러 추가할 수 있습니다.

2. 이제까지 등록한 모든 스토리가 나타납니다. 원하는 스토리를 선택해 새로운 하이라이트로 만듭니다. 스토리를 등록한 적이 없으면 빈 화면 만 나타납니다.

하이라이트에는 콘텐츠를 최대 100개까지 저장할 수 있습니다. 하이
라이트는 최근 수정한 순서대로 나타나며, 생성 개수에 제한은 없습니다.
하지만 너무 많은 하이라이트는 효과가 떨어질 뿐 아니라, 중요한 내용이
뒤로 밀려 필요한 사람에게 전달되지 못합니다. 따라서 오래된 하이라이
트는 삭제하거나 재편집하는 등 관리가 필요합니다.

하이라이트를 삭제해도 기존 스토리 콘텐츠가 사라지는 것은 아니므
로 두려워하지 말고 정기적으로 관리해주세요.

콘텐츠를 발굴하자

메타버스(가상현실), NFT, 블록체인 같은, 탈중앙화로 대변되는 WEB 3.0

시대에는 누구나 콘텐츠 소비자에서 생산자로 변모할 수 있습니다. 과거에는 뛰어난 능력을 보유하거나 해당 교육과정을 통해서만 콘텐츠 생산이 가능했지만, 지금은 아이디어만 있으면 IT 기술을 접목해 창의적인 콘텐츠 제작이 가능해졌기 때문입니다.

Open AI의 ChatGPT, DALL-E, SORA 그리고 이미지 제작 AI 인 미드저니(Midjourney) 등 생성 AI는 몇 마디 문장으로 소설을 쓰고(text to text), 이미지를 제작하고(text to image), 영상을 만듭니다(text to video).

이런 미래지향적 신기술이 아니더라도 캡컷(CapCut) 같은 영상 편집 앱, 릴스와 쇼츠에서 제공하는 스티커 및 편집 기술은 과거 방송과 뮤직비디오에서나 볼 수 있던 편집을 손가락 몇 번 톡톡 두드려 흉내 낼 수 있게 해주었습니다.

이제 우리는 어떻게 편집하고 표현할지보다 새로운 콘텐츠를 발굴하는 데 더 많은 노력을 기울여야 합니다. 애플리케이션 사용법은 금방 익힐 수 있지만 콘텐츠 발굴 능력을 키우는 데는 많은 노력이 필요합니다.

《로버트 맥키의 캐릭터: 시나리오 어떻게 쓸 것인가 3》[15]에서는 창작의 10가지 방법을 제시합니다. 이 책에서 소개하는 창작 10계명은 시나리오 및 소설 작가를 위한 조언이지만, 이를 조금 변형해서 인스타그램에 적용해보겠습니다.

콘텐츠는 늘 우리 주변에 있습니다. 인스타그램 탐색 탭을 통해 유행하는 콘텐츠를 눈여겨보고, 전시회나 영화 관람, 축제 참여 등 다양한 경

---

15. 《로버트 맥키의 캐릭터》, 로버트 맥키 저/ 이승민 역, 민음인, 2023년.

험을 해보세요. 내가 만들고자 하는 콘텐츠의 주제와 소재를 다른 사람들은 어떻게 표현하는지 살펴보고 그걸 내 콘텐츠에 적용하는 탐구적인 자세가 필요합니다.

👤 인스타그램 창작 10계명[16)]

1. 안목을 기르세요: 내 콘텐츠는 늘 내게 너무 훌륭하거나 모자라 보입니다. 평소 다양한 콘텐츠를 많이 접할수록 콘텐츠에 대한 나의 안목 또한 깊고 넓어집니다. 인스타그램 콘텐츠뿐만 아니라 전시회나 드라마 영화도 좋습니다.

2. 지식을 쌓으세요: 인스타그램이든 어디든 한 가지 지식이 유행하면 너도나도 따라하기 바쁩니다. 이렇게 소비되는 정보는 더 이상 새롭지 않습니다. 평소에 관심 있는 영역의 지식은 물론 새로운 지식에도 늘 깨어 있어야 합니다. 반드시 책이 아니어도 좋습니다. 유튜브나 블로그의 전문 지식 채널을 활용해보세요. 그리고 그걸 내 콘텐츠에 대입해보세요.

3. 독창성을 찾으세요: 같은 내용이라도 누가 표현하느냐에 따라 가치가 달라지는 것이 콘텐츠의 세계입니다. 시행착오를 통해서라도 나만의 표현 방법을 찾아보세요. 편집 기술, 대화 기법 등 'only'가 필요합니다.

4. 쇼맨십을 갖추세요: 인스타그램에 내 콘텐츠를 선보인다는 것은 예능인이 된 것과 마찬가지입니다. 요즘은 독서나 지식도 예능으로 만드는 시대입니다. 엔터테이너가 되세요.

5. 팔로워를 의식하세요: 나 혼자 잘난 콘텐츠는 아무도 사랑하지 않습니다. 팔로워들이 어떤 콘텐츠에 반응하고, 어떤 것을 원하는지 늘 관심을 기울이세요.

6. 인스타그램 문법에 익숙해지세요: 사랑받는 콘텐츠를 만들고 싶다면 인스타그램 문법에 익숙해져야 합니다. 독창성을 찾겠다고 너무 모험적인 도전을 하면 팔로워들에게 혼란을 줄 수 있습니다. 인스타그램에서 제공하는 기능과 다른 인스타그래머들의 표현 방법을 눈여겨봐야 합니다.

7. 다만, 클리셰는 거부하세요: 뻔한 콘텐츠를 만들어내는 것은 시간 낭비입니다. 같은 내용이라도 새로움을 한 스푼 더하세요.

8. 도덕적 상상을 잊지 마세요: 내 콘텐츠가 어떤 긍정적·부정적 경험을 줄지 늘 고민하세요. 치열하게 내 콘텐츠에 담긴 도덕적 가치와 영향력을 한 번 더 생각해보세요.

9. 이상적 자아로 변신하세요: 인스타그램을 하는 내 모습이 반드시 현실 속 내 모습과 일치할 필요는 없습니다. 인스타그램에서 멋진 커리어 우먼이 되기로 했다면 그렇게 표현하세요. 자녀와 사이좋은 아빠가 되기로 했다면 역시 그렇게 보이도록 생각하고 표현하세요.

10. 자기 자신을 아세요: 내가 무엇을 할 수 있고 할 수 없는지. 내가 평소 어떤 사람인지 알아야 합니다. 인스타그램을 운영한다는 것은 또 하나의 나를 만들어내는 과정이지만, 현실의 나와 완전히 동떨어질 수는 없습니다.

16.《로버트 맥키의 캐릭터》에서 소개한 내용을 필자가 임의로 각색한 것이다.

제작 앱을 활용해보자!

인스타그램에 들어가면 온갖 화려한 편집을 활용한 콘텐츠로 가득합니다. 심지어 매일 꾸준히 등록하는 것을 보면 분명 대단한 디자이너팀이 함께 일하는 게 분명하다고 생각할 수 있습니다. 정말 그럴까요? 사실 그중 상당수는 유·무료 제작 앱을 이용해 콘텐츠를 빠르게 생산하고 있으며, 기존에 만들어둔 템플릿을 활용해 매일 10장 이상의 카드뉴스나 홍보 콘텐츠를 제작하기도 합니다.

포토샵(사진 편집)이나 프리미어(영상 편집)같은 어려운 소프트웨어를 몰라도 누구나 콘텐츠를 제작할 수 있는 시대입니다. 간단한 앱 조작이나 편집만으로 초등학생조차 3~4년 넘게 해당 분야에서 일한 전문가와 유사한 결과물을 만들 수 있으니까요.

카드뉴스 제작이나 이미지 편집에 유용한 앱은 해외 서비스인 캔바(CANVA)를 비롯해 국내 업체인 망고보드·미리캔버스 등이 있고, 영상 제작 앱은 해외 서비스인 캡컷·키네마스터(KineMaster)와 국내 업체인 곰믹스 등이 가장 유명합니다. 필자는 개인적으로 캔바와 캡컷을 추천하는데, 글로벌 디자인 트렌드와 숏폼 콘텐츠에 최적화되어 있기 때문입니다.

대부분의 제작 앱은 사용법이 비슷하므로 하나에 능숙해지면 다른 앱을 사용하는 데 문제가 없습니다. 반드시 어떤 것을 써야 한다는 기준은 없고요. 내 취향에 맞는 추가 기능을 제공하고, 결과물이 만족스러우면 그게 나한테 맞는 프로그램입니다. 유료 서비스를 사용하면 창작의 범위가 더욱 넓어지므로 고려해보길 권합니다.

캔바(Canva)

캔바는 호주의 디자인 플랫폼입니다. 동영상, 문서, 사진, 웹사이트, 홍보물 등을 별도의 프로그램 설치 없이 사이트에 접속하는 것만으로도 간단히 만들 수 있죠. 특히 SNS 콘텐츠와 프레젠테이션 디자인에 최적화되어 있습니다.

캔바는 총 1억 개 넘는 템플릿을 보유하고 있는데, 개인은 무료 버전으로도 상당수 템플릿을 사용할 수 있습니다. 초기에는 해외 디자인이라는 느낌이 강했으나 최근 한국 이용자들이 증가해 한글 지원은 물론 디자인도 한국인 취향에 맞춰 제공하고 있습니다.

캔바의 가장 큰 장점은 앞서 언급했듯 SNS 콘텐츠에 최적화되어 있다는 것입니다. 다음 예시처럼 SNS 플랫폼별 맞춤형 템플릿을 참고해 빠르게 제작할 수 있습니다. 무료 버전에서는 가로세로 사이즈 수정이 불가능한데, 가능한 모든 사이즈의 템플릿을 제공하므로 이용하는 데 불편함은 없습니다.

인스타그램으로 선택하면 기본 템플릿과 함께 스티커·도형 등의 요소와 텍스트 삽입(다양한 무료 폰트 사용), 그리기가 가능하며 별도의 로고나 외부 이미지도 추가할 수 있습니다.

무료 이용자에게도 5GB의 공간을 제공해 기존 작업물을 저장해두고 내용만 계속 바꾸어 콘텐츠를 쉽게 제작할 수 있습니다.

최근에는 ChatGPT 이미지 제작 플러그인 DALL-E를 비롯한 확장 앱을 통해 이
미지 생성과 편집이 가능해졌고, 정적인 이미지를 움직이는 애니메이션 영상으
로 바꿔주는 생성 AI 기술까지 적용해 영상 편집 기능이 강화되었습니다. 사실
상 영상 편집용 앱을 굳이 활용하지 않아도 캔바에서 모든 디지털 콘텐츠 제작

이 가능합니다.

한국인을 위한 무료 제작 TIP도 제공하고 있으니 사용하기 전에 미리 학습해두
면 전문 디자이너 못지않은 콘텐츠를 만들 수 있습니다.

교육계와 비영리단체에는 유료 버전인 Pro를 무료로 제공합니다. 해당 단체에 등록하면 1억 개 넘는 템플릿과 사이즈 조절, SVG 이미지 다운로드 등 모든 기능을 무료로 사용할 수 있습니다.

캡컷(CapCut)

캡컷은 틱톡을 만든 중국 기업 바이트댄스(ByteDance)에서 출시한 영상 편집 및 제작 앱입니다. 특히 숏폼 영상 제작에 최적화되어 있으며, 틱톡 편집기에 포함된 대부분의 기능과 일반 영상 편집기에 들어 있는 기본 편집 기능을 거의 다 제공합니다. 애초 모바일 앱용으로 나온 캡컷은 2022년부터 PC 버전으로도 사용할 수 있습니다. 하지만 PC 버전보다는 모바일 앱으로 이용하는 것이 더 편리합니다.

캡컷은 플레이스토어나 앱스토어에서 'CapCut'을 검색해 설치할 수 있습니다.

캡컷은 숏폼에 최적화되어 있으므로, 세로 영상 편집이 기본입니다. 틱톡 서비스
사에서 제공하는 것인 만큼 틱톡과 릴스를 자주 제작해본 사람이라면 금방 익
숙하게 사용할 수 있습니다.

구간별 텍스트 삽입이나 스티커 이용, 영상 컷 편집 등은 릴스를 이용해본 사람
들에게 낯설지 않은 기능입니다. 오디오(배경음악 삽입, 효과음 등) 기능은 저작
권 문제로 틱톡 외 유튜브나 인스타그램에서는 사용할 수 없습니다. 따라서 다
운로드할 때 배경음악이 삭제되기도 합니다. 이런 경우는 오디오만 인스타그램
에서 편집해 넣으면 됩니다.

프리미어 같은 전문 영상 편집기에서 쓸 수 있던 영상 회전이나 왜곡 등의 고급 편집 효과는 물론, 잘못 찍은 영상의 선명도를 사진처럼 조절하거나 손 떨림 보정 효과를 주는 것도 가능합니다. 사용하기 힘들 정도로 화질이 떨어지는 영상이 아니라면 앱에서 일정 수준 이상으로 보정할 수 있습니다. 인스타그램 릴스로 바로 등록하기 힘든 영상은 캡컷에서 수정 후 등록하면 좋습니다.

템플릿을 이용해 캡컷에서 제공하는 효과들을 손쉽게 적용해볼 수도 있습니다. 꼭 영상이 아니어도 사진들을 조합해 뮤직비디오나 영화 스타일로 편집하는 것 역시 가능합니다. 영상 편집에 자신이 없다면 템플릿을 이용해보세요. 단, 인스타그램 릴스 이용자는 틱톡과 달리 다양한 영상 편집 효과보다는 내용의 정보성과 재미있는 스토리를 더 중요하게 생각한다는 걸 잊지 마세요. 모든 효과는 적절하게 사용해야 합니다.

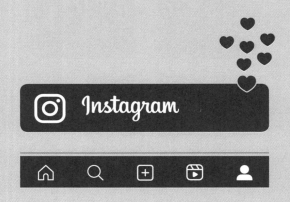

4

인스타그램
고수되기

저자의 강의를 들으며 읽어보세요!

돈 버는 계정이 되어보자

프로페셔널 계정으로 전환하기

계정 운영에 익숙해지면 더 많은 정보를 얻고 활성화를 위해 프로페셔널 계정으로 전환할 수 있습니다. 물론 처음부터 프로페셔널 계정으로 전환해놓고 시작하는 것도 좋습니다.

프로페셔널 계정이 되면 내 인스타그램 팔로워 및 게시물에 대한 상세 정보를 확인할 수 있습니다. 개인 계정일 때는 내가 올린 게시물에 대해 좋아요 수, 댓글 수, 공유 수 정도만 확인 가능합니다. 하지만 프로페셔널 계정이 되면 게시물별 실제 노출 수(조회 수), 요일별 반응, 내 게시물에 대한 팔로워와 비팔로워의 반응, 남녀 및 연령별 비교, 팔로워 증감 현황 등 상세한 정보를 제공받습니다. 이를 '인사이트'라고 합니다. 또 프로페셔널 계정이 되면 광고를 집행할 수도 있습니다.

즉, 프로페셔널 계정이 된다는 것은 내 계정을 마케팅용으로 본격 활용하겠다는 의지입니다. 하지만 마케팅으로 활용하지 않더라도 인사이트를 보면서 내 게시물이 목표한 바대로 성장하고 있는지 확인하는 습관을 들이는 것은 장기적으로 매우 중요합니다.

프로페셔널 계정으로의 전환은 무료니 당장 시작해보세요.

1. 프로필 화면에서 오른쪽 상단의 햄버거 메뉴(≡)를 눌러 '설정 및 개인 정보'를 선택합니다.

2. 화면을 내려서 '프로페셔널—계정 유형 및 도구'를 선택합니다.

3. '계정 유형 및 도구'에서'프로페셔널 계정으로 전환'을 누릅니다.

4. 프로페셔널 계정이 되면 어떤 활동을 할 것인지에 대한 질문이 뜹니다. '예술가, 음악가/밴드, 블로거, 의류(브랜드), 커뮤니티, 디지털 크리에이터, 교육, 사업가, 건강/뷰티, 편집자, 문인, 개인 블로그, 제품/서비스 게이머, 음식점, 뷰티/화장품/개인용품, 식품점, 사진가, 쇼핑 및 유통, 동영상 크리에이터' 중 선택할 수 있습니다. '프로필에 표시'를 선택하면 프로필 이름 아래에 내가 어떤 카테고리의 인스타그래머인지 나타납니다.

5. 기업 또는 소상공인인지, 개인 크리에이터인지 선택합니다. 비즈니스와 크리에이터는 프로페셔널 관리 도구에서 차이가 납니다. 비즈니스의 협찬을 받아 크리에이터로 활동하고 싶다면 여기서 '크리에이터'를, 향후

판매나 홍보를 진행할 예정이라면 '비즈니스'를 선택합니다.

6. 연락처를 등록합니다. '연락처 정보 표시'를 선택하지 않으면 타인에게
   정보가 공개되지 않습니다. 정보를 등록하지 않아도 '다음'으로 넘어갈
   수는 있습니다.

7. 페이스북이 있는 경우 연결해서 같은 비즈니스 계정으로 운영할 수 있
   습니다. 쇼핑 도구 등은 페이스북 계정과 연동되기 때문에 비즈니스가
   목적인 분은 페이스북 계정을 만드는 게 좋습니다. 없다면 지금은 '건
   너뛰기'로 넘어갑니다.

8. 프로페셔널 계정 전환의 마지막 단계로 '프로페셔널 계정 설정'을 진 행합니다. 최소 2단계 이상 완료해야 프로페셔널 관리 도구를 이용할 수 있습니다.

- 아이디어 얻기: 다른 비즈니스 또는 크리에이터를 팔로우해 콘텐츠를 공유하고 타깃 참여를 유도하는 방법 관찰하기(넘기기 가능)
- 팬 늘리기: 인스타그램 친구 초대하기, SNS로 친구 초대하기, 이메일 로 친구 초대하기, 연락처에 있는 사람 팔로우하기(넘기기 가능)
- 자기소개: 소개 콘텐츠 등록하기(넘기기 가능)
- 도구 및 인사이트 둘러보기: 인사이트와 광고 도구 확인
- 목표를 알려주세요: 계정 운영 목표 설정
- 광고 원리 알아보기: 광고 원리 배우기(넘기기 가능)

9. '도구 및 인사이트 둘러보기' 단계에서 새로운 도구가 추가됩니다. 이후 프로페셔널 관리 도구를 사용할 수 있습니다.

10. '목표를 알려주세요'에서는 계정 운영 목표를 선택합니다. 이 내용은 이후 광고를 집행할 때 참고 자료로 쓰입니다.

11. 사람들과 소통하는 방법을 선택합니다. 이것 역시 이후 광고를 집행할 때 참고 자료로 쓰입니다.

12. 계정 설정과 프로필 반영을 완료하면 프로페셔널 계정 설정이 끝납니다.

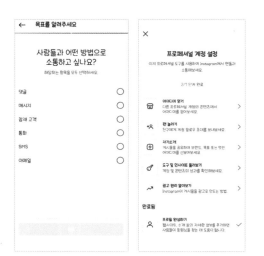

13. 프로필 소개 아래에 '프로페셔널 대시보드'가 생겼습니다. 이 대시보드는 계정 운영자에게만 보일 뿐 팔로워들에게는 나타나지 않습니다.

프로페셔널 계정 지표 이해하기

프로페셔널 대시보드는 내 계정과 게시물의 성과를 관리 및 분석할 수 있는 메뉴로 프로페셔널로 전환한 계정에만 제공하는 기능입니다. 인스타그램 프로페셔널 대시보드는 성과를 분석하는 '인사이트', 광고 및 제휴 같은 마케팅 촉진 활동을 지원하는 '내 도구', 계정 운영에 도움을 주는 '팁 및 리소스'로 구성됩니다. 또 공식 인증 마크라고 할 수 있는 'Meta Verified'도 대시보드에서 신청할 수 있습니다.

프로페셔널 대시보드는 비즈니스 계정과 크리에이터 계정에 차이가 있습니다. 마케팅과 연관된 '내 도구'에서 다른 점이 있는데, 기업형인지 아니면 기업의 후원을 받는 개인 크리에이터인지에 따라 맞춤형으로 관리하기 위해서입니다. 크리에이터가 아닌 비즈니스 계정이어도 타 계정의 콘텐츠 제휴에는 문제가 없으며, 크리에이터라고 해도 광고 집행이 가능하므로 너무 어렵게 생각할 필요는 없습니다. 언제든지 비즈니스나 크리에이터로 전환이 가능하니까요.

계정 성과를 관리하는 인사이트 중심으로 이야기해보겠습니다. 인사이트에서는 '기간' '도달한 계정' '참여한 계정' '총 팔로워' '회원님이 공유한 콘텐츠'를 분석할 수 있습니다.

- 기간: 최근 30일 기준
- 도달한 계정: 광고를 포함해 내 콘텐츠를 1회 이상 조회한 고유 계정의 수. 2회 이상 조회했어도 1개로 기록됨
- 참여한 계정: 광고를 포함해 내 콘텐츠에 '좋아요, 저장, 댓글, 공유, 답장' 등의 반응을 보인 고유 계정의 수. 중복 참여했어도 1개로 기록됨
- 총 팔로워: 해당 기간 동안 팔로워 증가 수. 팔로우를 취소하거나 탈퇴한 경우는 제외한 최종 증가 수

비즈니스 계정의 대시보드   크리에이터 계정의 대시보드

- 회원님이 공유한 콘텐츠: 해당 기간 동안 내가 등록한 게시물의 수

도달한 계정

도달(Reach)은 노출(Impression)과 다릅니다. 노출은 중복을 포함한 모든 조회 수를 말하며, 도달은 중복을 제외한 순수 이용자 수입니다. 광고에서는 노출이 중요하기 때문에 노출을 기준으로 삼지만 콘텐츠는 어떤 사람이 봤는지가 중요하기 때문에 도달 가능성을 높이는 걸 선호합니다. 내 게시물이 얼마나 누구에게 보여지고 있는지 확인해 향후 노출 전략을 세워야 합니다. 도달 계정 100개 미만은 데이터 분석 결과가 일부 나타나지 않을 수 있습니다.

- 최근 30일: 기간을 나타내며 최근 30일이 기본값
- 팔로워: 내 콘텐츠를 본 기존 팔로워의 수
- 팔로워가 아닌 사람: 내 콘텐츠를 본 사람 중 기존 팔로워가 아닌 사람
- 노출: 광고를 포함해 게시물, 스토리, 릴스, 동영상, 라이브 방송이 누군가의 화면에 표시된 횟수

[조회 기간 변경]

왼쪽 상단의 '최근 30일'을 선택하면 원하는 기간을 지정해서 볼 수 있습니다. 인사이트는 최근 90일간의 데이터만 제공합니다. 최대 90일, 최소 2일간의 데이터 조회만 가능합니다.

상단에 있는 메뉴를 활용해 최근 7일, 최근 14일, 최근 30일, 지난달, 최근 90일을 선택할 수 있으며, 특정 기간만 보고 싶으면 날짜를 직접 선택하면 됩니다. 조회 시작일의 날짜를 먼저 선택하고, 뒤이어 조회 종료일의 날짜를 선택한 후 업데이트를 누르면 인사이트 조회 기간이 바뀝니다.

오늘 날짜의 인사이트는 조회할 수 없습니다.

[도달한 계정]

팔로워와 팔로워가 아닌 사람을 원그래프로 보여줍니다. 팔로워가 아닌 사람은 내 팔로워의 팔로워들 또는 관심사를 기반으로 누군가에게 추천받았거나 외부 링크를 통해 들어온 경우입니다.

팔로워는 당시 내 팔로워였던 사람으로, 내 팔로워 수 대비 도달한 팔로워가 지나치게 적으면 팔로워의 질을 고민해봐야 합니다. 인스타그램 알

고리즘은 건전한 팔로잉 관계를 지향합니다. 팔로워가 활동 중지 상태이거나 스팸 가짜 계정이 많을수록 내 계정도 의심받을 수 있습니다. 또 팔로워와의 교류가 적은 경우도 건전한 운영이라고 판단하지 않습니다. 따라서 내 팔로워들이 나를 잊지 않고 찾아올 수 있도록 좋은 콘텐츠를 게시하고 꾸준히 소통하는 게 필요합니다.

[노출]

노출은 내 게시물이 누군가의 피드에 나타난 횟수입니다. 아래 그림에서 도달 191에 노출 215라는 것은 내 콘텐츠가 피드에 나타나는 빈도(Frequency)가 1.1회라는 의미입니다. 191명에게 215번 노출되어 거의 한 번 정도 보고 스쳐 지나갔다는 얘깁니다.

[콘텐츠 유형 기준]

게시물, 스토리, 릴스, 라이브 방송 콘텐츠 유형별 도달 수입니다.

[상위 콘텐츠]

해당 기간 동안 성과가 잘 나온 콘텐츠와 개별 조회 수를 보여줍니다. 콘텐츠를 선택하면 개별 성과를 볼 수 있습니다.

[도달한 사람]

해당 기간 동안 도달한 사람들에 대한 인구통계학적 데이터를 제공합니다. 제공 내역은 상위 국가, 상위 거주 도시, 성별, 상위 연령대입니다. 최소 공개 수치는 알 수 없습니다.

[프로필 활동]

내 프로필을 방문한 사람들의 행동에 대한 인사이트를 제공합니다. 프로필 방문 수와 프로필에 입력한 외부 링크 클릭 수, 프로필에 있는 비즈니스 주소를 누른 횟수를 보여줍니다.

참여한 계정

내 게시물에 반응을 보인 계정에 관한 분석 결과입니다. 좋아요, 댓글, 보내기, 저장, 공유 활동에 대한 결과를 분석할 수 있습니다. 성과가 좋은 콘텐츠와 그렇지 못한 콘텐츠를 파악해 콘텐츠 전략을 세울 수 있습니다. 인스타그램은 계정의 팔로워 수가 적더라도 개별 콘텐츠가 사람들에게 좋은 반응을 보여주면 인기 게시물로 노출해줍니다. 기본적으로 관심사를 기반으로 하지만 이용자들의 참여를 가장 중시합니다. 특히 눈에 보이는 좋아요와 댓글 외에 저장과 보내기 같은 활동에 가산점을 많이 주죠. 참여 결과를 분석해 참여율을 높여보세요.

- 최근 30일: 기간을 보여주며 최근 30일이 기본값
- 팔로워: 내 콘텐츠를 본 기존 팔로워 수
- 팔로워가 아닌 사람: 내 콘텐츠를 본 사람 중 기존 팔로워가 아닌 사람
- 좋아요: 게시물의 좋아요 수에서 취소 수를 뺀 최종값
- 댓글: 게시물의 댓글 수에서 삭제된 댓글을 뺀 최종값
- 저장: 게시물의 저장 횟수에서 저장 취소를 뺀 최종값

- 공유: 게시물 공유 횟수
- 스토리 반응: 스토리의 답장 및 공유 횟수
- 답장: 텍스트 답장과 빠른 공감 답장을 포함해 스토리에서 받은 답장의 수

[참여한 계정]

내 게시물에 반응을 보인 계정 중 팔로워와 팔로워가 아닌 사람을 원그래프로 보여줍니다. 앞서 총 191명에게 도달했는데, 그중 반응을 보인 계정은 22명입니다. 참여율은 약 12% 정도입니다. 도달률이 높으면 참여율은 떨어질 수밖에 없습니다. LOCOWISE의 보고서에 따르면, 2023년 인스타그램 비즈니스 계정의 콘텐츠 평균 참여율은 1.79%입니다.[17]

[콘텐츠 유형 기준]

게시물, 릴스, 스토리, 라이브 방송 콘텐츠 유형별 참여율을 보여줍니다. 보통은 릴스의 참여율과 도달률이 높게 나타납니다.

[콘텐츠 상호작용]

콘텐츠에 대한 좋아요, 댓글, 저장, 공유, 스토리 반응, 답장 등을 모두 합한 값을 보여줍니다. 전체 값과 콘텐츠별 값을 모두 볼 수 있습니다.

---

17. Digital 2024. https://indd.adobe.com/view/8892459e-f0f4-4cfd-bf47-f5da5728a5b5

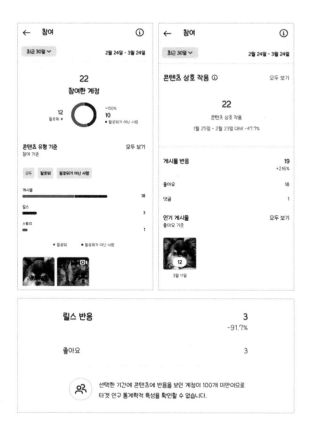

[참여한 사람]

콘텐츠별 참여한 사람들에 대한 인구통계학적 데이터를 제공합니다. 제공
내역은 상위 국가, 상위 거주 도시, 성별, 상위 연령대입니다. 콘텐츠별 참
여 인원이 100개 미만일 경우 해당 데이터를 제공하지 않습니다.

총팔로워

내 프로필을 팔로우한 계정을 분석한 결과입니다. 누군가가 내 계정을 팔로우한다는 것은 기존의 내 콘텐츠에 만족해서일 수도 있고, 평소 나를 아는 사람일 수도 있습니다. 때로는 광고용 맞팔 계정일 수도 있고요. 내 팔로워들을 분석해 어떤 특성을 가졌는지 파악하고 그들에게 맞춤형 콘텐츠를 제작할 수 있습니다.

팔로워가 적어 팔로워의 정보를 특정할 수 있는 경우, 개인 정보 보호 문제로 인구통계학적 데이터를 제공하지 않을 수도 있습니다.

- 최근 30일: 기간을 보여주며 최근 30일이 기본값
- 팔로워: 내 콘텐츠를 본 기존 팔로워 수
- 전체 팔로워: 해당 기간에 나를 팔로우한 계정 수에서 팔로우 취소나 인스타그램을 탈퇴한 계정을 제외한 순수 증감 수
- 팔로우: 해당 기간에 나를 팔로우한 계정 수
- 팔로우 취소: 해당 기간에 나를 팔로우 취소하거나 인스타그램을 탈퇴한 계정 수
- 주요 위치: 가장 많은 팔로워가 있는 지역
- 성별: 팔로워의 성별 분포
- 가장 활동이 많은 시간: 팔로워가 인스타그램을 이용하는 시간대
- 시간: 팔로워의 인스타그램 평균 이용 시간
- 일: 팔로워가 가장 활발하게 활동하는 요일

[증가]

팔로워의 증가 현황을 알 수 있습니다. 그래프를 통해 언제 팔로워가 줄고 늘었는지 확인 가능하므로, 팔로워의 증감이 급격한 날 내가 어떤 콘텐츠를 올렸는지 살펴볼 필요가 있습니다. 인스타그램은 불시에 가짜 계정이나 스팸성 계정을 임의 삭제하기도 합니다. 따라서 팔로워가 한 번에 대량 줄어드는 일이 발생하면 내 팔로워들의 질을 의심해봐야 합니다.

[주요 위치]

도시와 국가별로 나를 팔로우한 사람들의 분포를 알 수 있습니다.

[연령대]

내 팔로워의 연령대별 분포를 알 수 있습니다. 타깃 연령과 일치하는지 확인해야 합니다.

[성별]

내 팔로워의 성별을 보여줍니다. 본인 성별 공개를 거부한 경우 남성과 여성에 합산되지 않으므로 정확한 통계는 아닙니다.

[가장 활동이 많은 시간]

시간대와 요일별 팔로워의 활동량을 볼 수 있습니다. 예시에서는 일요일, 그리고 오후 3~9시에 가장 많은 활동을 하는 것으로 나타났습니다. 이 시간대에 스토리나 라이브 방송 등을 노려보는 것도 좋습니다.

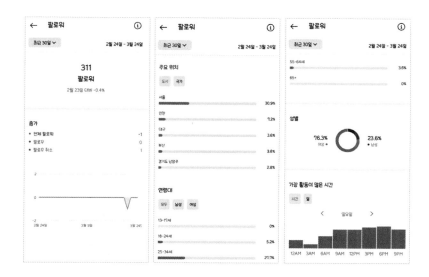

콘텐츠별 인사이트

프로필에 있는 프로페셔널 대시보드는 전체 운영 현황을 보여줍니다. 하지만 최근 90일 이내의 인기 게시물만 보여주는 한계가 있습니다. 개별 콘텐츠의 인사이트를 보려면 게시물 아래에 있는 '인사이트 보기'를 선택합니다.

릴스 인사이트

릴스를 선택해 '인사이트 보기'를 누르면 해당 콘텐츠가 도달한 계정의 수와 반응(참여) 수, 프로필 조회 수 등을 알 수 있습니다.

- 도달한 계정: 해당 콘텐츠가 도달한 총 계정의 수
- 릴스 반응: 해당 콘텐츠에 참여해 좋아요, 댓글, 공유, 저장을 한

수에서 좋아요 취소, 저장 취소 및 삭제된 댓글의 수를 뺀 최종값

- 프로필 활동: 해당 콘텐츠를 보고 내 프로필을 이용한 계정의 수

- 최초 재생: 처음 영상을 본 계정의 수

- 다시 보기: 두 번 이상 영상을 본 계정의 수

- 시청 시간: 다시 재생된 시간을 포함해 릴스가 재생된 총시간

- 평균 시청 시간: 릴스를 재생한 평균 시간으로, 시청 시간을 최초 재생 횟수로 나누어서 계산한 결과

- 좋아요: 해당 콘텐츠에 참여한 후 좋아요 취소를 뺀 최종값

- 저장: 해당 콘텐츠를 저장한 후 저장 취소를 뺀 최종값

- 댓글: 해당 콘텐츠에 댓글을 작성한 후 삭제한 것을 뺀 최종값

- 공유: 해당 콘텐츠를 공유한 횟수

- 팔로우: 해당 콘텐츠를 보고 나를 팔로우한 계정의 수

[개요]

해당 콘텐츠가 얼마나 많은 계정에 도달했고, 반응 횟수와 함께 내 프로필 팔로우에 얼마나 기여했는지를 보여줍니다.

[도달]

해당 콘텐츠가 팔로워 및 팔로워가 아닌 사람들에게 얼마나 도달했는지 알 수 있습니다. 팔로워가 아닌 사람들에게 많이 도달했다면 내 콘텐츠가 추천 콘텐츠로 나타났을 가능성이 높습니다. 릴스의 경우 재생과 다시 보기, 시청시간, 평균 시청 시간까지 제공합니다. 평균 시청 시간이 많을수록 사람들의 취향에 맞을 확률이 높겠죠. 그리고 짧은 영상일 경우 반복 재생했을 가능성이 많습니다.

[릴스 반응]

릴스에 대한 좋아요, 저장, 댓글, 공유 같은 반응의 수입니다. 참여 수라고도 합니다. 보이는 지표 외에도 저장과 공유 같은 지표의 관리가 필요합니다.

[프로필 활동]

해당 콘텐츠를 보고 나에 대한 호감으로 팔로우를 한 계정의 수입니다. 특정 콘텐츠가 팔로워를 많이 이끌어냈다면 그들은 유사한 콘텐츠에 더 적극적으로 반응할 확률이 높습니다. 이를 콘텐츠 개발에 참고하세요.

게시물 인사이트

게시물을 선택해 '인사이트 보기'를 누르면 해당 콘텐츠가 도달한 계정의 수와 반응(참여) 수, 프로필 조회 수 등을 알 수 있습니다.

- 도달한 계정: 해당 콘텐츠가 도달한 총 계정의 수
- 참여한 계정: 해당 콘텐츠에 참여해 좋아요, 댓글, 공유, 저장을 한 수에서 좋아요 취소, 저장 취소 및 삭제된 댓글의 수를 뺀 최종값
- 프로필 활동: 해당 콘텐츠를 보고 내 프로필을 이용한 계정의 수
- 도달: 해당 콘텐츠를 한 번이라도 본 계정의 수
- 노출: 게시물이 화면에 표기된 횟수

- 홈: 인스타그램에 처음 접속했을 때 보이는 피드에서 노출
- 프로필: 프로필을 통해 노출
- 해시태그: 해당 콘텐츠가 사용한 해시태그 검색을 통해 노출
- 기타: 그 밖의 다양한 방면으로 노출
- 좋아요: 해당 콘텐츠에 참여한 후 좋아요 취소를 뺀 최종값
- 저장: 해당 콘텐츠를 저장한 후 저장 취소를 뺀 최종값
- 댓글: 해당 콘텐츠에 댓글을 작성한 후 삭제한 것을 뺀 최종값
- 공유: 해당 콘텐츠를 공유한 횟수
- 프로필 방문: 해당 콘텐츠를 보고 내 프로필을 방문한 계정의 수
- 팔로우: 해당 콘텐츠를 보고 나를 팔로우한 계정의 수
- 제품 태그: 숍 기능을 이용 중일 때 해당 콘텐츠를 통해 제품 페이지를 조회한 수

[개요]

해당 콘텐츠가 얼마나 많은 계정에 도달했고, 반응 횟수와 함께 내 프로필 팔로우에 얼마나 기여했는지를 보여줍니다.

[도달]

해당 콘텐츠가 팔로워 및 팔로워가 아닌 사람들에게 얼마나 도달했는지 알 수 있습니다. 팔로워가 아닌 사람들에게 많이 도달했다면 내 콘텐츠가 추천 콘텐츠로 나타났을 가능성이 높습니다. 어떤 영역에서 몇 회 노출되어 그중 몇 번 도달을 이끌어냈는지 알 수 있습니다. 프로필을 통해 노출

이 많았다면 그만큼 내 프로필에 관심 있는 사람이 많다는 의미입니다.

[참여]

해당 콘텐츠에 대한 좋아요, 저장, 댓글, 공유 같은 반응의 수입니다. 팔로워와 팔로워가 아닌 사람들의 참여율을 비교해보세요. 보이는 지표 외에도 저장과 공유 같은 지표의 관리가 필요합니다.

[프로필 활동]

해당 콘텐츠를 보고 내 프로필을 방문하거나 팔로우한 계정의 수입니다. 특정 콘텐츠가 팔로워를 많이 이끌어냈다면 그들은 유사한 콘텐츠에 더 적극적으로 반응할 확률이 높습니다. 콘텐츠 개발에 참고하세요.

[제품 태그]

숍 기능을 이용 중이라면 제품 페이지 조회, 클릭 수를 알 수 있습니다.

인증 마크를 달아보자

인스타그램을 이용하다 보면 파란색 배지가 붙은 계정을 만납니다. 보통 공인이나 브랜드가 많이 이용하고 있죠. 이 파란색 배지는 Meta Verified 라는 인증 배지로, 메타에서 본인임을 확인했다는 증명입니다.

최근 SNS를 통한 사칭이 증가하면서 피해를 입는 사람들이 생겨나고 있습니다. 이를 막고자 여러 SNS 플랫폼에서는 인증되지 않은 계정에 대한 주의를 당부하고 있죠. 특히 이미지에 신경 써야 하는 연예인, 인플루언서, 정치인, 브랜드의 경우 적극적으로 Meta Verified를 받고 있습니다.

그럼 파란색 배지가 없는 계정은 모두 사칭일까요? 그런 것은 아닙니다. 원래 인스타그램에서는 Meta Verified를 무료로 제공했습니다. 누구나 알 만한 유명인의 경우 신분증 같은 본인 증명 서류를 전달하면 인증 버튼을 붙여주었는데, 현재는 유료 서비스입니다. 월 2만 2,000원의 비용을 지불하면 파란색 배지를 붙일 수 있죠.

하지만 돈만 낸다고 누구나 Meta Verified를 받을 수 있는 것은 아닙니다. 팔로우, 운영 기간, 개인 정보 입력 같은 활동량이나 알려진 인물(브랜드)일 경우에만 신청할 수 있습니다.

신청 방법은 다음과 같습니다.

1. '프로페셔널 대시보드'로 들어가 화면을 아래로 내리면 중간쯤에 있는 'Meta Verified'를 선택합니다.

2. 인증 배지에 대한 설명과 자격 요건을 확인할 수 있습니다. '다음'을 눌러 화면을 넘깁니다.

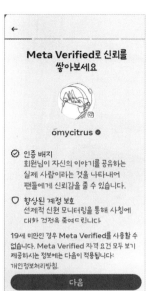

3. 매월 2만 2,000원을 청구한다는 안내와 함께 신원 확인을 진행합니다.
동의 후 '결제하고 혜택받기'를 선택하면 신원 확인 후 최종 결제와 함
께 인증 배지를 받을 수 있습니다.

하지만 대부분의 일반인이나 갓 생성한 계정은 Meta Verified 신청
이 불가능합니다. '프로페셔널 대시보드'에서 해당 메뉴를 선택하면 Meta
Verified 대기 명단에 등록된다는 안내와 함께 향후 Meta Verified 사용
조건을 만족하면 알림을 보내주겠다는 화면이 뜹니다.

모두가 Meta Verified를 받을 필요는 없습니다. 하지만 사칭으로 인한 피해가 우려된다면 활발한 인스타그램 활동을 통해 Meta Verified를 받기 바랍니다.

SHOP 기능을 활용하자

사진과 영상으로 소통하는 인스타그램은 하나의 카탈로그이자 새로운 커머스 채널로 각광받고 있습니다. 오프라인의 숍처럼 제품을 중심으로 하나하나 스토리텔링을 쌓는 것이 가능하기 때문입니다. 일방적으로 제품을 나열하고 구매자의 선택만 기다리기보다 적극적으로 잠재 고객에게 제품의 강점을 설명할 수 있고, 댓글과 DM을 통해 즉각적인 고객 응대도 가능합니다.

앞서 언급한 것처럼 인스타그램은 콘텐츠에 외부 URL 삽입이 불가능합니다. 그래서 편법으로 프로필에 멀티링크 URL을 등록한 후 제품 판매 링크를 하나하나 입력하거나, 스토리 스티커를 활용해 구매를 유도했습니다. 하지만 이런 과정이 판매로 전환되지는 않았죠. 불필요하게 프로필로 이동해 멀티링크를 누르고, 거기서 다시 원하는 제품을 찾기까지 꽤 번거로운 작업을 거쳐야 했기 때문입니다. 이 과정에서 고객의 관심이 줄어들거나, 때론 다른 콘텐츠로 이탈하는 일이 발생하기도 했죠.

하지만 인스타그램 숍 기능이 추가되면서 이제 콘텐츠를 보고 마음이 끌리면 바로 구매할 수 있게 되었습니다. 진정한 인스타그램 커머스(Instagram Commerce) 시대가 열린 것입니다. 기업과 소상공인의 인스타그램 숍을 통해 24시간 판매가 이루어지고 있으며, 인플루언서와 개인들까지 누구나 버튼 하나만 누르면 판매를 할 수 있습니다.

인스타그램 숍의 장점은 추가로 인터넷 숍을 개설하거나 가맹 등록을 할 필요가 없다는 것입니다. 본인이 갖고 있는 외부 판매 링크를 이용하거나, 일시적으로 판매하는 소량 제품일 경우 제품 태그를 통해 DM으로 판매할 수 있습니다.

쇼핑 카탈로그를 통한 판매

해외에서는 인스타그램에서 바로 결제할 수 있지만, 국내에서는 아직 메타 페이먼트(Meta Payment)가 도입되지 않았습니다. 대신 숍 카탈로그를 통해 외부 판매 링크로 이동해 결제할 수 있습니다.

cafe24, 네이버 스마트스토어 같은 경우 페이스북 픽셀(Facebook Pixel)을 이용해 제품을 한 번에 등록하는 것이 가능하나, 인스타그램 또는 각 쇼핑몰을 업데이트할 때마다 재등록하거나 등록 방법을 바꿔야 합니다. 따라서 제품을 개별 등록해서 관리하는 것이 좋습니다. 또한 인스타그램 특성상 너무 많은 제품을 등록하는 것은 효율적이지 않으므로 전략 상품만 등록하는 것이 유리합니다.

1. 페이스북 비즈니스 계정 등록하기

인스타그램 숍 기능을 이용하려면 페이스북 비즈니스 계정이 있어야 합니다. 페이스북 비즈니스 계정은 https://business.facebook.com에서 페이스북 로그인 한 번으로 손쉽게 등록 가능합니다.

비즈니스 계정이 등록되면 숍을 적용할 인스타그램 계정도 등록합니다. 이 과정은 PC로 진행하는 것이 좋습니다.

2. 커머스 계정 등록하기

비즈니스 계정 왼쪽 메뉴 바에서 ☰을 눌러 커머스 관리자로 이동합니다.

찾기 어렵다면 https://business.facebook.com/commerce/으로 바로

이동해도 됩니다.

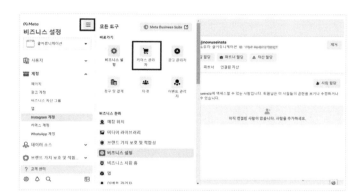

3. 커머스 관리자에서 '계정추가'를 클릭합니다.

4. 숍 만들기 안내 화면이 나오면 '다음'을 눌러 넘어갑니다.

5. 내 인스타그램 계정이 맞는지 확인합니다. 만약 다른 계정만 보인다면 '수정'을 눌러 숍을 운영할 인스타그램 계정을 선택합니다. '제품'과 '다른 웹사이트에서 결제'는 그대로 두고 '다음'으로 넘어갑니다.

이때 내 인스타그램 계정이 나타나지 않으면, 내 계정이 조건을 충족하지 못했다는 뜻입니다. 인스타그램에서 숍을 운영하기 위해서는 최고 40~50일 이상의 활동 내역이 있어야 하고, 전화번호 등 실명 인증을 받은 계정이어야 합니다.

6. '타사 플랫폼 연결' '결제 수단 선택' '판매 채널 선택' '제품 추가' 모두 '다음'을 눌러 넘어갑니다. 마지막 '미리 보기'에서 내용을 모두 확인한 후 '판매가 계약'에 동의하고 '설정 완료하기'를 누릅니다.

7. 커머스 관리자에 내 인스타그램 계정이 등록되었습니다. '카탈로그'에서 '제품추가'를 눌러 제품을 등록합니다.

8. 제품 추가에는 '수동'과 '데이터 피드' '픽셀'의 3가지 방법이 있습니다.

- 수동: 직접 사진과 제품 사양을 등록
- 데이터 피드: 페이스북에서 요구하는 양식에 따라 엑셀 또는 *.csv 로 등록. 대량 등록 시 용이.
- 픽셀: 페이스북 픽셀을 등록할 수 있는 설치형 쇼핑몰(cafe24, godo 등)에서 사용. 번거로운 작업 없이 해당 쇼핑몰에 등록하면 인스타 그램에 자동 연동

여기서는 수동으로 등록하겠습니다.

9. 제품 이미지, 제목(제품명), 설명, 구매 웹사이트 링크, 가격, 할인 가격, 기타 옵션을 등록합니다.

- 이미지: 500×500픽셀 이상— 최대 8Mb 이하

- 제목: 200자 이내

- 설명: 최대 9,999자 이내

- 웹사이트 링크: 즉시 구매 가능한 링크 등록

- 가격: 정가 등록

- 할인 가격: 할인 중일 경우 할인된 가격 등록. 할인율은 자동 계산

- 페이스북 제품 카테고리: 제품 유형(식품, 전자제품 등) 선택

- 상태: 새 제품인지 중고 제품인지 등록

- 구매 가능 여부: 재고 여부 등록

- 상태: 공개 여부 등록

- 브랜드: 특정 브랜드인 경우 등록(선택 사항)

- 콘텐츠 ID: 특정 내·외부 콘텐츠와 연관된 경우 ID 등록. 관련 광고 집행 시 필요(선택 사항)

10. 아래에 있는 '+새 제품'을 눌러 제품을 여러 개 입력합니다. 입력을 마쳤으면 '제품 업로드'를 눌러 숍에 제품 등록을 완료합니다.

11. 내 인스타그램으로 돌아가 '프로페셔널 대시보드' > '내 도구'로 이동
합니다. 만약, 내 인스타그램이 커머스에 등록되지 않았다면 이 과정에
서 다시 커머스 등록을 요구할 수 있습니다. 두려워하지 말고 위의 순
서대로 다시 따라 합니다.

12. 'Shop 보기'를 통해 등록한 제품이 잘 보이는지 확인합니다.

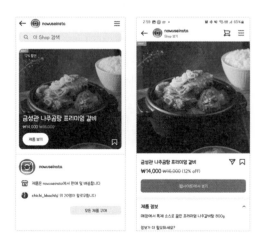

250

13. 숍 등록을 했더라도, 아직 숍 기능을 사용할 수 없습니다. 숍에 등록된 제품을 태그해 콘텐츠를 등록해야 합니다. 콘텐츠 등록 화면에서 '제품 태그하기'를 선택합니다.

14. 이미지에서 태그가 보이길 원하는 위치를 터치해 제품을 태그합니다.

15. 등록한 제품을 선택하면 원하는 위치에 태그가 적용되었는지, 어떤 제품이 등록되었는지 확인할 수 있습니다. '√'를 눌러 태그를 완료합니다.

16. 제품 설명 등을 입력하고, 기타 필요한 내용을 추가한 다음 '공유'
    를 누릅니다.

17. 제품이 등록되면 피드 콘텐츠에 장바구니 모양이 뜹니다. 바로 나타나
    지 않으면 제품을 연결 중인 것이므로 잠시 기다리세요.

18. 제품 등록이 완료되면 이제 숍을 본격적으로 운용할 수 있습니다.

19. 팔로워들에게도 제품이 보이고, 클릭 시 인스타그램 제품 소개 페이지
    를 거쳐 구매 페이지로 이동합니다.

이제 다른 제품들도 등록해 인스타그램에서 판매율을 올려보세요!

DM을 통한 판매

중고 거래나 일회성으로만 판매해야 할 때가 있습니다. 한두 번 판매하기 위해 숍 개설까지 고려하기 어려울 때는 '주문받기'를 통해 DM 거래를 할 수 있습니다.

1. 콘텐츠 등록 화면에서 '주문받기'를 선택합니다.

2. 판매 상품명과 가격을 입력하고 '완료'를 누릅니다.

3. 콘텐츠를 등록하면 '제품 보기'가 뜹니다.

4. 팔로워는 '제품 보기'를 눌러 상품 내용과 가격을 확인할 수 있습니다.
'판매자에게 메시지 보내기'를 통해 상세한 문의를 하고, DM으로 구매
및 배송 방법 등을 상의할 수 있습니다.

5. 서로의 조건을 조율한 다음'주문하기'를 누르면, 이후부터는 DM으로 모든 걸 진행합니다.

6. 거래 과정은 주문 > 주문 수락 > 결제 > 배송 순으로 진행됩니다. 약간의 시간차가 생길 수 있으므로 구매 문의가 들어오면 최대 반나절은 대기합니다.

구매자 DM 화면

7. 판매자는 DM을 통해 들어온 주문을 눌러 내용을 확인하고 수락 여부를 결정합니다. 필요한 조건은 DM으로 이야기할 수 있습니다. 주문과 DM이 한 화면에서 일어나기 때문에 다른 페이지로 이동할 필요는 없습니다.

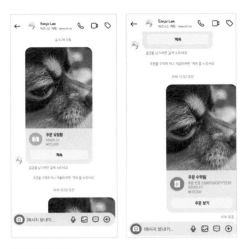

판매자 DM 화면

8. 거래를 수락하기로 결정하면 결제를 진행하고. 결제가 완료되면 '결제
됨으로 표시'를 눌러주세요. 배송이 필요한 제품일 경우에는 '발송됨'을
눌러 발송 처리합니다. 송장 번호는 DM으로 전달합니다.

판매자 DM 화면

9. 구매자는 이 모든 과정을 DM으로 공유합니다.

판매자 DM 화면   구매자 DM 화면

'주문받기'는 신뢰할 수 있는 결제 페이지가 별도로 없는 만큼 신중하게 진행해야 합니다. 또한 개인 간 중고 거래 외 신상품이나 1년 이내의 해외 직구 상품 등을 판매할 경우 국내 전자상거래법에 의해 처벌받을 수 있으므로 주의해야 합니다.

하지만 인스타그램은 숍을 통해 B2C(Business to Consumer)에 이어 C2C(Consumer to Consumer)도 활성화하려는 계획을 갖고 있습니다. 소상공인이나 개인이 이를 많이 활용했으면 합니다.

광고로 우리 계정을 홍보하자

광고에 대한 오해와 이해

인스타그램에 좋은 콘텐츠를 지속적으로 올리고 있는데, 사람들의 관심이 적다면 약간의 붐업이 필요합니다. 특히 당장 불특정 다수한테 내 사업과 콘텐츠를 홍보하고 싶다면 가장 손쉬운 방법이 광고입니다.

TV, 라디오, 잡지, 신문 같은 전통 매체는 반드시 광고대행사나 미디어렙사를 통해서만 광고를 집행할 수 있었습니다. 하지만 디지털 세상에서는 기업이 아닌 개인도 누구나 자유롭게 광고를 활용할 수 있죠.

인스타그램과 페이스북의 모회사인 메타는 RTB 방식의 광고 시스템을 채택하고 있기 때문입니다. RTB는 Real Time Bidding의 약어로 '실시간 경쟁 입찰 시스템'으로 진행하는 광고를 의미합니다. 이 시스템은 누구에게나 열려 있으므로 개인이든 기업이든 관계없이 광고를 진행할 주체(인스타그램 계정 및 소유주)와 게시물만 있으면 당장 시작할 수 있습니다.

그렇다면 광고비용은 얼마나 들어갈까요? 메타(인스타그램, 페이스북) 광고는 하루 최소 5,000원부터 시작할 수 있습니다. 물론 하루 몇백만 원이상 지불하는 것도 가능하지만 그럴 필요는 없습니다. 앞서 말한 RTB 방식에 의해 광고를 집행하기 때문에 내가 아무리 돈을 많이 쓰겠다고 해도 성과를 달성한 만큼만 광고비가 지출됩니다.

물론 경쟁 시스템이기 때문에 같은 계좌(광고 게시 위치 및 시간 단위)에 더 많은 돈을 지불하겠다는 광고주가 있으면 노출 우선순위에서 밀리겠지만, 돈이 있다고 무조건 우선 노출되는 시스템은 아닙니다. 인스타그램은 이용자의 평소 관심사에 부합하거나 유용할 것이라고 판단되는 것을 우선 노출하므로 적은 금액으로 꾸준히 이용자를 끌 수 있는 광고를 제작하는 것이 중요합니다.

하루 5,000원이면 흔히 말하는 커피값입니다. 미래의 고객과 하루에 커피 한 잔을 마신다고 생각하고 꾸준히 광고를 진행해보세요.

인스타그램 광고하기

인스타그램에서 광고하기 위해서는 프로페셔널 계정으로의 전환이 필요합니다. 프로페셔널 계정에 대해서는 앞 장에서 자세히 설명했으니, 궁금한 게 있으면 다시 읽어보기 바랍니다.

인스타그램 광고를 하려면 미리 준비할 것들이 있습니다.

- 광고할 계정: 인스타그램 계정
- 광고 목표: 광고를 통해서 얻고자 하는 목표
- 광고하고자 하는 게시물: 오탈자 및 오류 사항 검토(광고를 개시하면 내용 수정할 수 없음)
- 해외 결제 가능 카드: VISA, Mastercard, JCB, American Express, Diners Club, Discover, UnionPay 제휴 카드
- 랜딩 페이지: 인스타그램 계정, 외부 홈페이지, 블로그, 쇼핑몰 등

육하원칙에 의거해 광고 계획의 예시를 들어보면 다음과 같습니다.

1. 블로그 유입량 증가

누가	광고 주체	당써인 인스타그램
언제	광고 일시	2025년 3월 5일~3월 10일(6일간)
어디서	광고 플랫폼	인스타그램 및 메타 플랫폼 전체
무엇을	랜딩 페이지	당써인 블로그
어떻게	광고 게시물	카드뉴스를 통한 호기심 유발
왜	광고 목표	블로그 유입량 증가

2. 인스타그램 팔로워 확보

누가	광고 주체	당써인 인스타그램
언제	광고 일시	2025년 3월 5일~3월 11일 (7일간)
어디서	광고 플랫폼	인스타그램 피드
무엇을	랜딩 페이지	당써인 인스타그램
어떻게	광고 게시물	당써인 인스타그램 팔로워 이벤트 홍보 게시물
왜	광고 목표	인스타그램 팔로워 확보

목표와 방법에 따라 결과가 달라지기 때문에 꼭 육하원칙에 의거해 광고 계획을 세우기 바랍니다.

광고 계획을 세웠다면 집행할 차례입니다. 메타는 광고 관리자라는 기능을 통해 인스타그램 및 페이스북, 그 밖에 메타가 보유한 다양한 오디언스 네트워크(Audience Network)에 광고를 집행할 수 있습니다. 하지만 이 책에서는 인스타그램에 대해서만 다뤄보겠습니다.

1. 내 프로필에 있는 '프로페셔널 대시보드'를 선택합니다.

프로페셔널 대시보드
비즈니스만을 위한 도구 및 리소스.

2. 대시보드 페이지를 내려 중간에 위치한 '내 도구'에서 '광고 도구'를 선택합니다.

3. 광고 도구에서 '게시물 선택'을 누릅니다. 만약 광고를 자주 집행해 내

인스타그램의 인기를 높이고 싶다면 '현재 인기 게시물'을 선택해 광고
를 집행해도 좋습니다.

어떤 게시물을 선택할지 모르겠다면 현재 화면에 떠 있는 내 게시물 아
래에 위치한 '게시물 홍보하기'를 눌러도 바로 광고 도구로 이동할 수
있습니다.

4. 만약 페이스북 광고 계정을 보유하고 있다면 그 계정을 선택할 수 있습
   니다. 이 경우 좀 더 정교한 광고 설정이 가능하고 인스타그램뿐만 아니
   라 페이스북과 메타의 오디언스 네트워크 모두에 광고하는 것이 가능
   합니다. 여기서는 'Facebook 광고 계정 없이 홍보'를 선택해 인스타그
   램 이용자를 대상으로만 광고하도록 하겠습니다.

5. 광고 목표를 설정합니다.

- 프로필 방문 늘리기: 내 인스타그램을 클릭해 팔로우할 가능성이 높은 사람들에게 광고할 수 있습니다. 인스타그램 프로필을 홍보하거나 단순히 내 콘텐츠를 많이 노출시키고 싶을 때 활용합니다.
- 웹사이트 방문 늘리기: 내 인스타그램이 아닌 외부 홈페이지, 블로그, 쇼핑몰로 방문을 유도할 때 이용할 수 있습니다. 이때는 반드시 검증된 홈페이지 링크(URL)를 미리 가지고 있어야 합니다.
- 메시지 늘리기: 내 인스타그램 DM으로 고객이 직접 문의할 수 있습니다. 인스타그램을 통해 주문받거나 잠재 고객과의 접점을 늘리고 싶을 때 이용합니다. 광고를 본 사람들이 광고 게시물을 클릭하면 내게 메시지를 보낼 수 있는 창이 뜹니다.

6. 이번 예시에서는 '웹사이트 방문 늘리기'를 선택했습니다. 그리고 'URL 및 행동 유도 버튼'을 누릅니다. '행동 유도 버튼'은 광고를 보는 이용자

에게 뜨는 문구인데, CTA(Call To Action)라고도 합니다.

가장 일반적인 문구는 '더 알아보기'입니다. 하지만 광고 목표에 따라, 예컨대 쇼핑몰로 연결해 할인 상품을 소개하거나 내 홈페이지를 통해 가입자를 늘릴 것인지에 따라 '행동 유도 버튼'을 다양하게 선택할 수 있습니다. 이때는 이용자가 당장 무언가 비용을 지불하거나 자신의 정보를 넘겨야 한다는 부담감을 느끼지 않도록 신중을 기하는 것이 좋습니다.

모든 선택을 완료하면 '√'를 클릭해 '목표'화면으로 돌아옵니다. 입력한 내용이 맞는지 다시 한번 확인하고 '다음'을 선택합니다.

7. 타깃을 고릅니다. 타깃은 광고를 보게 될 이용자를 말합니다. 인스타그램 광고는 '관심사'기반으로 노출되기 때문에 어떤 사람에게 보여줄지 선택하는 것이 목표 달성에 중요합니다.

'자동'을 선택하면 인스타그램의 AI가 알아서 판단해 평소 내 프로필을 팔로우하고 있는 사람들과 유사한 이용자에게 광고를 보여줍니다. 하지만 팔로워를 늘리고 싶거나 아직 계정의 팔로워가 충분하지 않다면 '직접 만들기'를 선택해 타깃 그룹을 생성합니다.

8. '직접 만들기'에서 타깃 그룹을 생성해봅시다.

- 타깃 이름: 이 그룹의 명칭입니다. 외부에 노출되지 않으니 내가 알기 쉽게 정합니다. '2030 여성 뷰티'같이 타깃의 성향을 직접 알 수 있는 이름이나 '국밥 마니아'처럼 내가 직접 설정한 별명도 괜찮습니다.

- 위치: 타깃이 실제 생활하는 지역을 지정합니다. 국가와 시도까지 가능합니다.

- 관심사: 타깃의 직업이나 취미, 성향 등 관심사를 설정합니다.

- 연령 및 성별: 연령과 성별을 지정합니다.

9. '지역'은 국가와 시도까지 지정 가능합니다. 지역 기반 소상공인에게 유
  용하지만 광고 타깃이 너무 좁으면 광고 효율이 떨어지겠죠. 따라서 내
  타깃의 일상 반경까지 고려해 지정합니다.

  '주변'을 선택해 현재 내 위치를 중심으로 설정할 수도 있습니다. 예상
  타깃 규모를 살펴보고 최소 100만(1M) 명 이상이 될 수 있도록 반경을
  확대합니다.

10. '관심사'를 선정합니다. 예시에서는 전국의 '국밥 리뷰'와 관련된 타깃
  이 목표이므로 '음식점(식사)' '직장인(대중문화)' '여행(여행/관광)'을 선택
  했습니다. 관심사를 여러 개 설정하면 예상 타깃이 좁아집니다. 타깃이
  많을수록 광고 효율도 높아진다는 걸 잊지 마세요.

11. 국밥에 관심 많은 '국밥 마니아' 타깃이 설정되었습니다. 최종 예상 타 깃 규모를 확인하고, '√'를 선택해 설정을 종료합니다.

내가 만든 타깃이 '타깃 대상 선택'에 뜹니다. 이렇게 생성된 타깃은 앞 으로 광고할 때 계속 사용할 수 있습니다. 필요하면 새로운 타깃을 만 들어 사용할 수도 있고요.

※ 만약 금융, 노동, 부동산, 정치 관련 내용을 광고하고 싶다면 반드시 '특별 광고 카테고리'를 선택하고, 해당 산업(여신 금융, 의료 등)의 광고 자율 심의를 완료한 후 광고를 집행해야 합니다. 그렇지 않은 경우 불이익을 받을 수도 있습니다.

12. 타깃을 설정하고 '다음'을 선택한 후에는 광고 세팅 내용을 검토합니다. '광고 목표' '타깃' '예산 및 기간'등 '광고 미리 보기'를 할 수 있습니다.

13. '결제 수단'은 해외 결제를 할 수 있는 VISA, Mastercard, JCB, American Express, Diners Club, Discover, UnionPay 제휴 카드로 설정합니다. 최초 등록 시 1달러가 결제되는데, 이는 해당 과정이 정상적인지 확인하는 절차이므로 놀라지 마세요. 이상이 없다면 바로 취소 처리됩니다.

14. '예산 및 기간'을 설정합니다. 5달러 이상부터 광고 집행이 가능합니다. 1일 예산 5달러 아래로 바가 움직여도 5달러가 넘지 않으면 광고 집행이 되지 않습니다. 기간은 1일 이상부터 설정 가능하며, 만약 광고를 계속 진행할 예정이라면 '일시 중단할 때까지 이 광고 게재'를 선택합니다. 하지만 동일 타깃에게 계속 같은 광고를 노출할 경우 효율이 떨어지므로 광고 소재는 정기적으로 바꾸는 게 좋습니다. 기간을 정해 놓고 광고를 수시로 검토하기 바랍니다.

15. '광고 미리 보기'를 선택하면 내 광고가 피드와 스토리, 탐색 탭에서 어떻게 뜨는지 미리 확인할 수 있습니다. 이를 통해 링크가 제대로 연결되어 있는지, CTA는 내가 지정한 대로 나오는지 사전에 확인합니다.

16. 모든 확인을 완료했으면 '게시물 홍보하기'를 선택합니다. '차별 금지
    정책'은 모두 동의하면 됩니다. 내 광고에 문제가 있기 때문이 아니라
    법적·윤리적 의무를 다시 한번 확인하는 과정일 뿐입니다.

17. 이제 인스타그램에서 내용을 검토한 후 아무런 이상이 없다면 10분 이
    내에 광고 집행이 시작될 것입니다.

기타 SNS 이용하기

인스타그램을 한다고 해서 인스타그램에만 홍보해서는 내 인스타그램을 크게 성장시킬 수 없습니다. 알고리즘에 의해 내 게시물을 볼 수 있는 특정인들에게만 계속 콘텐츠가 뜨기 때문이죠.

애플 창업자 스티브 잡스(Steve Jobs)는 "사람들은 자신이 뭘 원하는지 모른다"라고 말했습니다. 이는 알고리즘에서도 마찬가지입니다. 알고리즘의 편향성이 평소 보는 것과 유사한 콘텐츠만 계속해서 띄워줍니다. 다양한 콘텐츠보다는 해당 카테고리의 인기 콘텐츠만 보여주죠. 그야말로 승자독식입니다.

그래서 내 계정을 홍보하고 싶다면 인스타그램 광고 외에도 다양한 외부 SNS를 이용해야 합니다. 특히 상업적으로 성공하려면 더더욱 그렇습니다.

내 인스타그램을 홍보하기 좋은 외부 SNS를 소개합니다.

[블로그]

네이버나 티스토리 블로그를 이용합니다. 블로그의 장점은 네이버나 구글 같은 포털 검색 시 노출되고, 설명하는 데 분량의 제한이 없다는 것입니다. 블로그에 글을 올릴 때는 인스타그램 콘텐츠 중 일부를 공개하고, 인스타그램을 통하면 더 빠른 응대와 좋은 내용을 접할 수 있다는 걸 강조합니다. 인스타그램 계정 아이디와 링크, QR코드 등도 적극 홍보합니다. 또 인스타그램의 게시물과 다른 내용이나 일상적인 글을 꾸준히 올리면서 내 인스타그램 계정을 소개합니다.

[페이스북]

페이스북은 인스타그램과 같은 회사(메타)에서 운영하는 SNS이기 때문에 인스타그램을 홍보하기에 좋습니다. 하지만 페이스북에서는 친구 관계에만 내 게시물이 우선 노출된다는 한계가 있습니다. 게다가 페이스북의 알고리즘은 인스타그램의 알고리즘보다 한층 더 복잡합니다. 그래도 인스타그램 게시물이 바로 페이스북과 연동되어 내 페이스북 친구들에게 뜨거나, 광고를 한 번에 관리할 수 있다는 점 등 유리한 부분이 있습니다. 더욱이 페이스북은 자사 네트워크 간 이용자들의 이동을 독려합니다.

[유튜브]

영상에 자신이 있다면 인스타그램 릴스를 유튜브에도 등록합니다. 다만 차별성을 갖기 위해 유튜브와 인스타그램 릴스를 조금씩 변형하거나 톤앤매너를 달리해서 운영합니다. 유튜브로 영상을 올리고 문의는 인스타그램 DM으로 응대하는 식으로 두 계정을 함께 키울 수도 있습니다. 실제로 많은 인플루언서가 이런 방식으로 유튜브와 인스타그램 계정을 모두 키우고 있죠. 처음에는 유튜브와 인스타그램 계정의 팔로워들이 동일하더라도, 알고리즘에 의해 팔로워의 팔로워들에게 노출되는 방식으로 내 콘텐츠의 확산과 성장이 이루어집니다.

[X]

취미나 관심사 기반의 콘텐츠를 갖고 있다면 X를 이용하는 것도 좋습니다. X는 자신만의 영역이 확고한 덕후들이 모여 있는 공간입니다. 또 대화나 독백 형식으로 콘텐츠를 업로드하기 때문에 힘을 빼고 편하게 내 콘텐츠를 보여주는 것이 가능합니다. 덕질 기반의 노출 알고리즘은 다른 SNS에 비해 X가 뛰어납니다. X에서 사교하고, 인스타그램으로 내 재능을 보여주세요.

[링크드인]

개인 브랜딩이 목표라면 링크드인을 이용하는 것도 좋습니다. 링크드인은 글로벌 인맥 서비스입니다. 경력이 곧 내 프로필이 되는 곳이 SNS입니다. 하지만 링크드인에서는 인스타그램처럼 비주얼 콘텐츠로 소통하기가 쉽지 않습니다. 공적인 내용과 성과는 링크드인에 공지하고, 인스타그램에 관련 콘텐츠를 올리고 있다는 사실을 알리는 방식을 추천합니다. 내 이력서와 내 포트폴리오를 구분하는 전략입니다.

[네이버밴드]

커뮤니티와 동호회 운영을 하고 있다면 네이버밴드를 활용합니다. 네이버밴드는 카페나 커뮤니티와 달리 손쉽게 가입하고 회원 관리가 용이하면서도 SNS처럼 콘텐츠를 올리고 반응을 살필 수 있습니다. 나와 취미 또는 동종 관심사를 가진 사람들과 네이버밴드를 통해 정보를 교환하고, 인스타그램의 콘텐츠를 꾸준히 홍보합니다. 내 인스타그램이 성장하는 데 네이버밴드 커뮤니티가 큰 도움을 주고 있다는 감사의 글도 자주 올려주세요.

[카카오톡]

카카오톡 프로필을 적극 활용합니다. 카카오톡은 멀티프로필을 제공하고 있으니, 적극적으로 카카오톡 프로필 배경과 소개란에 내 인스타그램 계정을 홍보하세요. 좀 더 적극적으로는 내 카카오톡 네임을 '[실명]/@인스타그램 이름'으로 해두어도 좋습니다. 카카오톡 프로필 배경으로 인스타그램 프로필 화면을 활용하는 것도 추천합니다. 내 활동이 곧 홍보인 세상입니다.

[이메일]

내 고객이나 파트너의 이메일을 정리해두세요. 그들에게 내가 인스타그램을 개설했다는 사실을 알려야 합니다. 이메일에는 인스타그램 아이디와 개설 취지, 그리고 어떤 내용을 올릴 예정인지를 상세하게 소개합니다. 이메일 홍보 기간 동안 인스타그램에서 이벤트를 개최해도 좋습니다. 댓글 이벤트나 팔로우 이벤트를 열어 이메일을 통해 들어온 내 고객들에게 베네핏을 주면 그들이 주변에 더욱 적극적으로 홍보할 것입니다.

또 이메일 하단의 네임 카드도 적극 활용합니다. 보통 네임 카드에는 이름과 연락처 정도만 공개하거나 아니면 비워두는데, 이곳은 숨은 황금 영역입니다. hotmail도 처음 무일푼으로 광고를 해야 하는 상황에서, 고객들의 네임 카드 영역에 무료 hotmail에 가입하라는 문구를 자동 추가함으로써 글로벌 이메일 서비스로 성장할 수 있었습니다.

고객 또는 지인들과 메일을 주고받을 때 네임카드 영역을 통해 꾸준히 내 인스타그램 계정을 홍보하세요. 그 메일의 내용이 유용해서 누군가에게 전달된다면 자신도 모르는 사이에 홍보 효과를 낼 것입니다.

판촉물에 인스타그램 홍보하기

판촉물은 광고 마케팅 기법 중 하나로, 소비자가 일상적으로 사용하는 물건에 홍보 문구를 담아 전달하는 것입니다. 소비자가 해당 판촉물을 통해 판매자 또는 브랜드를 한 번 더 떠올리고, 구매 접점에서 해당 브랜드를 선택하게끔 하는 것이지요. 흔히 활용하는 판촉물은 팸플릿·스티커·기념품·답례품 등이며, 명함이나 서적·현수막 등도 판촉물 역할을 할 수 있습니다.

　판촉물은 잠재 고객이 때때로 들여다보는 것이기에 인스타그램을 홍보하기에 더할 나위 없이 좋습니다. 한 통계에 따르면, 한국인이 SNS를 이용하는 첫 번째 이유가 '시간 때우기(Filling Spare Time, 28.8%)'라고 합니다.[18] 우리는 이용자들의 이런 자투리 시간에 침투해 내 인스타그램 계정을 홍보해야 합니다.

　하지만 판촉물은 사물의 형태로 주어지는 것이므로 인스타그램 아이디를 전달하는 데 어려움이 있습니다. 인스타그램 이름, 즉 아이디가 내 브랜드를 떠올리기 어렵거나 복잡한 문자의 조합이라면 더더욱 기억하기 쉽지 않습니다.

　이럴 때는 인스타그램에서 제공하는 QR코드를 이용해보세요.

---

18. Digital 2024 South Korea. https://datareportal.com/reports/digital-2024-south-korea

내 프로필 편집 메뉴 바로 옆에 있는 '프로필 공유'를 선택하면 내 인스타그램으로 바로 연결 가능한 QR코드를 생성해줍니다. 이 QR코드는 색상을 변경할 수 있으며, 다운로드받을 수도 있습니다.

QR코드를 터치하면 색상이 다양하게 변합니다. 인스타그램의 느낌을 살리고 싶으면 인스타그램 특유의 오렌지-핑크 그라데이션 느낌의 QR코드가 생성될 때까지 터치하세요. 상단의 '색상'을 클릭하면 배경을 바꿀 수 있습니다.

마음에 드는 QR코드 느낌이 생성되었으면, '다운로드'를 눌러 QR코드를 이미지 형태 또는 PDF로 다운로드받을 수 있습니다. 이것을 인쇄물이나 명함에 다양하게 활용하세요.

인플루언서 협업하기

SNS가 널리 퍼지면서 사람들의 관심은 과거와 같이 4대 매체(텔레비전, 라디오, 신문, 잡지)에 국한하지 않고 다방면으로 분산되었습니다. 이는 연예인이나 유명인(셀럽)의 영향력이 상대적으로 줄었다는 걸 뜻하기도 합니다. 대신 인플루언서와 크리에이터라고 부르는 디지털 스피커가 부상했죠.

이들은 소셜 미디어의 문법을 이해하고, 자신을 따르는 많은 추종자(팔로워)를 거느리고, 소규모 유행을 선도합니다. 그중 특히 연예인급 이상의 영향력을 가지고 있는 사람들을 인플루언서라고 부릅니다.

인플루언서를 따르는 팔로워들은 그의 라이프스타일을 모방하고, 그의 의견에 공감합니다. 때로는 그 인플루언서가 추천하는 상품을 의심 없이 구매하기도 합니다. 인플루언서를 신뢰하기 때문에 자신들에게 불이익을 주지 않을 거라고 믿기 때문이죠.

그래서 소규모 브랜드일수록 인플루언서와의 협업은 매우 중요합니다. 인플루언서의 팔로워들은 그 인플루언서와 유사한 취향을 가졌을 확률이 높고, 인플루언서는 자신의 팔로워들을 누구보다 잘 이해하고 있을 겁니다. 따라서 내 상품의 타깃과 인플루언서가 일치한다면, 해당 인플루언서를 통해 그의 팔로워들에게 상품을 효과적으로 어필할 수 있습니다.

또한 인플루언서는 대부분 뛰어난 크리에이터입니다. 팔로워들이 좋아하는 콘텐츠를 누구보다 빠르고 고품질로 만들어낼 수 있죠. 일반적으로 매체 광고를 집행하기 위해 홍보 크리에이티브를 여러 건 제작해도 타깃 맞춤형 콘텐츠를 완성하기는 쉽지 않습니다. 하지만 인플루언서를 이용하면 콘텐츠 제작까지 해결되기 때문에 비용 대비 효과적입니다.

인플루언서와 협업을 통해 소규모 브랜드는 잠재 고객을 개발할 수 있고, 때로는 그들의 판매 전략을 보면서 향후 마케팅 플랜을 세워볼 수 있습니다. 성공을 보장할 수 없는 비싼 광고보다 인플루언서와의 협업이 SNS에서 더 각광받는 이유입니다.

인플루언서와 협업할 때는 반드시 성과를 확인해야 합니다. 겉으로 보이는 참여 결과(좋아요, 댓글, 릴스 조회 수)만 가지고는 콘텐츠가 성공했는지 알 수 없습니다. 인사이트까지 들여다보고 콘텐츠 반응을 분석해야 다음에 더 좋은 결과를 얻을 수 있습니다.

인플루언서도 마찬가지입니다. 매번 결과를 광고주에게 보고할 수 없습니다. 너무 잘 나와도 의심받고, 참여율이 낮아도 이유를 알려줄 수 없는 경우가 많습니다. 이럴 일을 대비해 '브랜디드 콘텐츠 도구'를 활용하면 서로의 신뢰를 확보할 수 있습니다. '브랜디드 콘텐츠 도구'는 '프로페셔널 대시보드' 안에 있습니다.

비즈니스 계정

1. '프로페셔널 대시보드' 화면을 내려 '내 도구'에서 '브랜디드 콘텐츠'를 선택합니다.

2. 다시 '프로페셔널 대시보드'에서 '브랜디드 콘텐츠'를 선택해 '콘텐츠 크리에이터 승인'을 누릅니다.

3. 협업을 진행할 인플루언서를 검색한 다음 '승인'을 누릅니다. '승인됨' 이라는 공지가 뜨면 이제 해당 인플루언서가 우리 제품을 홍보할 수 있습니다. 단, 이 모든 과정은 사전에 인플루언서와 협의한 후 진행해야 합니다.

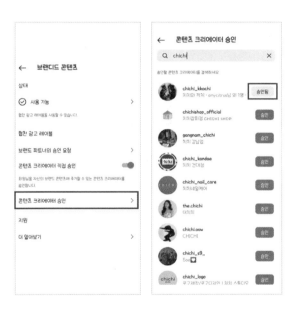

크리에이터 계정

1. 약속된 홍보 콘텐츠를 등록하려는 인플루언서의 계정에 '협찬 광고 레이블 추가'가 새로 생깁니다. 여기에 크리에이터를 '콘텐츠 크리에이터'

로 등록한 브랜드 계정이 나타납니다.

2. '협찬 광고 레이블 추가'에서 '브랜드 파트너 승인'을 '추가'합니다. '협찬
   광고 레이블 추가'와 '브랜드 파트너가 홍보할 수 있도록 허용'을 활성화
   합니다. (푸른색이 활성화 상태입니다.)

3. 게시물 등록 화면으로 돌아와 '협찬 광고 레이블 추가'에 브랜드가 제
   대로 설정되었는지 확인합니다.

4. 게시물을 등록하면 계정 이름 아래에 'nowuseinsta와 함께하는 협찬 광고입니다'라는 레이블이 뜹니다.

5. 브랜드 계정도 크리에이터와 똑같이 '인사이트 보기'로 확인할 수 있습니다.

5

참고할 만한
인스타그램 46선

저자의 강의를 들으며 읽어보세요!

인스타그램에서는 지금 이 순간에도 수많은 계정이 생겨나고 사라집니다. 그렇지만 사람들에게 사랑받는 계정은 꾸준히 그 존재감을 과시하죠. 이번 장에서는 사람들에게 영감을 주거나 운영 방법을 참고할 만한 계정을 추천합니다. 여기서 소개하는 계정이 모두 최고는 아니겠지만, 인스타그램을 처음 시작하는 분들께 도움을 주었으면 좋겠습니다.

개인(국내) 인스타그램 8

1. BLSN (@blsn_02)

김형준 변리사님(BLSN)이 직접 그림을 그려 설명하는, 디자인과 상표 특허에 관한 정보. 코로나19로 인한 사회적 거리 두기 기간 동안 생긴 공백을 이용해 인스타그램을 시작했는데, 전화위복으로 현재는 가장 유명한 젊은 변리사 중 한 명이 되었다.

2. 윤동규 (@negutive)

일상 속 소품을 활용한 짧은 릴스를 올려 사소한 것들도 콘텐츠가 될 수 있다는 걸 보여준다. 대중문화 관련 평론도 등록하는데, 소소한 공감대가 재미를 준다. negutive film을 운영하는 윤동규 감독의 개인 브이로그다.

3. 영감노트 (@ins.note)

마케터이자 《별게 다 영감》의 작가 이승희의 인사이트 수집 채널. 《별게 다 영감》은 이 채널에 등록한 내용만 모아 책으로 엮은 것이다. 일상 속 기록이 쌓이면 무엇이든 될 수 있다는 것을 보여준다.

4. 지은 (@ifitsnows)

제주에서의 슬로 라이프를 공유한다. 제주 곳곳의 풍경이 아닌 오로지 방 안 책상 풍경만을 등록하는데도, 공감을 이끌어내기에 충분하다. 킨포크한 인테리어와 감성적 풍경으로 동경을 유발한다.

5. Papercupdrawing (@papercupdrawing)

일러스트레이터 신문섭이 운영하는 컵 드로잉 전문 계정. 개인 채널에서 낙서와 함께 등록하던 작품들만 모아 새롭게 계정을 운영하기 시작했다. 버려지는 커피 컵을 예술로 승화시킨다.

6. 여유재순 (@yeoyujaesun)

90세 넘은 유재순 할머니가 우연히 구매한 아이패드로 그린 그림을 올리는 채널. 꾸준한 작품 활동과 모든 댓글에 고맙다는 답댓글을 달아주는 게 인상적이다.

7. 손 글씨, 강희주(Heejoo)KR 희탱 (@heetang2)

손 글씨 작가가 운영하는 채널. 직접 쓴 손 글씨로 매일의 인사이트와 책에서 발견한 좋은 문장을 전달한다. 늘 같은 구도의 사진이지만 저장을 부르는 좋은 콘텐츠다.

8. 살림하는 여자 (@salrim_story)

살림 블로그 연화님의 인스타그램. 잡지 화보 같은 감각적인 사진과 독특한 살림 포인트, 군더더기 없는 정보를 전달해 주부들의 인기를 얻고 있다.

개인(해외) 인스타그램 8

1. The Night Nature (@night._.nature)

밤과 달 풍경만 촬영해 등록한다. 비슷한 매일의 밤이지만, 작가만의 독특한 감성으로 해석해 많은 팔로워를 보유하고 있다.

2. Remy (@remy.rides)

자녀인 레미의 다양한 레포츠 도전 기록을 담고 있다. 다른 가족사에 대한 이야기 없이 오로지 실패하고 다시 도전하는 아이의 모습만 전달하며 독특한 성장기를 보여준다.

3. Alex Pixels (@flying___pixels)

오로지 수상 레포츠 장면만 드론으로 촬영해 등록한다.

4. Elle Cordova (@ellecordova)

직접 다양한 소품, 폰트, 사물의 입장이 되어 1인 다역으로 연기하는 유머 채널. 독특한 발상과 재치 있는 대화로 공감과 재미를 함께 이끌어낸다.

5. Joseph Horner (@jwhorner_)

꽃을 주제로 한 작품을 만드는 크리에이터. 컬러 팔레트로 표현한 개성 있는 하이라이트와 아름다운 꽃 작품을 감상할 수 있다.

6. Zach King (@zachking)

현실과 가상을 넘나드는 콘텐츠를 제작하는 디지털 크리에이터. 다양한 기업 및 인플루언서와 협업하는 것을 보는 재미가 있다. 북미 LG전자와도 협업한 바 있다.

7. Zach (@zachchoi)

요리 과정으로 표현하는 ASMR. 60초 이내의 역동감 있는 영상으로 식감을 자극한다. 전형적인 북미 음식의 요리 과정을 예능처럼 즐길 수 있다.

8. Michael Michaela (@pc_user_486)

옛날의 구식 컴퓨터를 찾아 보여준다. 해당 컴퓨터를 사용했던 베이비부머와 X세대의 향수를 자극하는 콘텐츠로, 많은 마니아를 보유하고 있다.

소상공인/커뮤니티 인스타그램 10

1. 양지식당 (@yangji6794___)

동대문 7,000원 백반집 양지식당. 60대 사장님이 직접 내일의 반찬을 찍어 올려 단골 고객들에게 정보를 전달한다. 잘 찍은 사진은 아니지만 진솔함으로 소통 중이다.

2. 어글리어스마켓 (@uglyus.market)

못생긴 친환경 농산물을 정기 배송하는 서비스. 비록 채소는 못생겼지만 감각적인 사진과 요리를 통해 계정 운영의 취지와 시각적 만족을 모두 제공한다.

3. 제주냥이 | jejumeow (@jeju.meow)

제주도에 있는 카페 겸 소품 숍. 노란 지붕과 고양이라는 콘셉트를 잃지 않고 청량한 이미지를 유지한다. 자주 올리는 것보다 콘셉트가 중요하다는 걸 보여주는 계정.

4. 후와후와 (@hwhw._.bakery)

개인 베이커리로, 매일 아침 그날 만든 빵을 뜯는 영상과 함께 영업 시작을 알린다. 빵 덕후들에게는 갓 만들어낸 빵의 말랑말랑하고 폭신한 느낌을 전달하는 것이 중요하다는 걸 깨달은 고객 맞춤형 콘텐츠다.

5. gomgom (@gom5gom5)

독서 커뮤니티 앱 '독파'의 홍보 채널. 공식 채널은 광고 위주이지만, 이 채널은 개인이 운영하며 감각적인 책 소개와 함께 새로 생긴 독서 모임을 추천한다. MZ들에게 책을 시각적 취향으로 소비할 수 있게 하는 것이 특징이다.

6. 퇴근후살림 | 1인가구 살림팁 & 생활꿀팁 (@sallim_after_work)

1인 가구나 살림 초보들이 할 수 있는 소소한 살림 팁을 전달한다. 영상미

보다는 진솔한 정보 제공이 목적이다.

7. 땡스맘의 세탁살림 (@thanks_maam)

세탁 노하우 공유 중심의 인스타그램. 계정명이 상업적으로 보이지만 여러 상황에서의 세탁 방법과 함께 소소한 가족사를 등록해 이웃집 언니 같은 느낌을 준다.

8. 최현미 미꽃 손글씨 (@beautiful_flower_write)

마치 인쇄물 같아서 유명해진 미꽃체 작가의 인스타그램. 직접 미꽃체를 쓰는 장면을 클로즈업으로 촬영해 호기심을 이끌어낸 후 개인 클래스를 홍보한다.

9. 동공이 약사 (@donggong_yak)

실제 약국에서 벌어지는 에피소드들을 귀여운 애니메이션으로 전달한다. 약사와 약국명은 비밀로 하고 있지만 유머스럽게 정확한 투약 정보와 약국 활용법을 전달하고 있다.

10. 푸더바 (@ptb_mag)

힙스터를 위한 큐레이팅 채널. 다양한 문화 콘텐츠를 B급 짤과 글로 풀어낸다. 언뜻 무성의한 저퀄리티 콘텐츠처럼 보이지만 취향 저격으로 팔로워들에게 인기가 있다.

기업(국내) 인스타그램 10

1. 빙그레 (@binggraekorea)

빙그레에서 운영하는 인스타그램. 빙그레 메이커라는 가상의 세계관을 처음 국내에 유행시켰다. 신상품 출시 때마다 세계관을 계속 확장하고 있다. 빙그레우스 더마시스라는 왕가를 중심으로 모든 제품이 가상의 인격을 가지고 있어 보는 재미가 있다.

2. 진로 (@official.jinro)

주류 기업 하이트진로에서 운영하는 공식 채널. 두꺼비가 메인 캐릭터로 다양한 음주 문화와 굿즈를 홍보한다. 자사 공식 모델을 패러디하거나 인터넷 밈을 차용하는 등 MZ세대 눈높이에서 소통하고 있다.

3. CU 씨유 (@cu_official)

편의점 CU의 공식 인스타그램 채널. CU 컬러와 로고를 효과적으로 드러내면서 신제품과 PB 상품을 홍보한다. SNS를 잘 활용하는 기업답게 스토리를 통해 〈편의점 고인물〉〈편의점 뚝딱이〉같은 유튜브 드라마를 방송 채널처럼 운영한다.

4. 김 유미 (@yumiiii_0109)

〈유미의 세포들〉이라는 극장판 애니메이션을 홍보하기 위한 계정. 팬들과의 거리를 좁히기 위해 실제 유미의 일상처럼 운영한다.

5. 새미네부엌 (@semie_kitchen)

샘표에서 운영하는 초보를 위한 요리 플랫폼 '새미네 부엌'에서 운영하는 계정. 간단한 레시피 정보와 함께 따뜻하고 포근한 느낌의 음식 사진으로 초보들을 유혹한다. 팔로워를 위한 샘표 요리 교실 이벤트를 꾸준히 진행한다.

6. 비욘드 | BEYOND (@beyondcosmetics)

LG생활건강의 뷰티 브랜드 비욘드 공식 계정. 파스텔 톤의 따뜻하고 소박한 색감으로 친근함을 전달한다. 한 컷 한 컷에 정성을 기울인 화보 같은 콘텐츠를 보여주며 일관된 컬러 톤으로 시각적 안정감을 준다.

7. 유니 공식 인스타그램 (@uni_official_kr)

필기구 전문 기업 UNI의 한국 공식 채널. BI 컬러인 RED를 튀지 않게 잘 활용하며 필기구에서 톡톡 튀는 10대 감성을 이끌어낸다.

8. 잇미샤 itMICHAA (@itmichaa.official)

프로필 타임라인이 매력적이다. 한 번에 3개씩 업로드해 항상 가로 한 줄이 이미지로 연결되도록 했으며, 그 자체로 화보이기도 하다. 여백의 미가 잇미샤를 그 자체로 보일 수 있게끔 해준다.

9. 왓챠 (@watcha_kr)

OTT 서비스 왓챠의 공식 채널. 전문가 또는 서비스 제공자라는 어깨 힘을 빼고 시청자 눈높이에서 콘텐츠를 전달한다. 커뮤니티에서 해당 영화/드라마를 같이 소비하는 친근한 느낌을 준다.

10. 대한민국구석구석 | 한국관광공사 (@kto9suk9suk)

한국관광공사에서 운영하는 국내 여행 전문 채널. 전문 여행 기자단들이 전달하는 고품질 사진으로 국내 여행지의 숨은 아름다움을 전달한다. 여행 콘텐츠의 가장 대표적인 채널이라고 할 수 있다.

기업(해외) 인스타그램 10

1. Dior Official (@dior)

장인이 명품을 한 땀 한 땀 제작하는 장면을 엮어 만든 콘셉트의 콘텐츠를 등록하고 있다. 명품에 스토리텔링을 추가해 얼마나 가치 있는 제품인지를 강조한다. 디올의 이런 철학을 패러디한 밈이 생성되기도 했다.

2. PRADA (@prada)

프라다의 고급스러움을 잃지 않으면서 제품이 부각될 수 있도록 여백을 강조한 화보를 등록한다. 한 장 한 장 굉장한 심혈을 기울여 로고 없이 다른 콘텐츠 사이에 있더라도 한눈에 프라다임을 알아볼 수 있다.

3. OREO (@oreo)

오레오는 SNS에서 오레오 놀이로 유명한 만큼 분기마다 다양한 시도를 하고 있다. 현재는 오레오를 인격화해서 친구 같은 피드를 만들어낸다.

4. Porsche (@porsche)

포르쉐 본사 공식 계정으로 다양한 상황에서의 포르쉐 차량을 보여준다. 영상은 모두 스포티하면서도 신선한 에피소드로 채워져 있다. 다른 차량의 브랜드들이 기술력과 외관 홍보에 치중한다면, 포르쉐는 포르쉐가 주인공이 되는 스토리텔링에 뛰어나다.

5. GoPro (@gopro)

세상을 몰입감 있고 흥미롭게 자신의 방법으로 포착하길 바라는 고프로의 철학을 엿볼 수 있는 채널이다. 아웃도어를 즐기는 인스타그래머의 역동적이고 다양한 도전의 순간을 공유한다.

6. Red Bull (@redbull)

젊은이들이 즐기는 카페인 음료라는 콘셉트에 맞게, 도파민이 형성될 수 있는 콘텐츠를 끊임없이 제공한다.

7. The New York Times (@nytimes)

〈뉴욕타임스〉는 인스타그램을 가장 잘 활용하는 언론사 중 하나다. 인스타그램에서는 기사를 하나의 에세이처럼 읽고 생각할 수 있게끔 요약해서 제공한다. 〈뉴욕타임스〉가 운영하는 요리나 여행 채널 등도 매우 감각적이므로 참고할 만하다.

8. Chipotle (@chipotle)

전 세계에서 가장 밈을 잘 쓰는 브랜드를 꼽으라면 단연 치폴레 인스타그램이다. 브랜드 이미지를 돌아보지 않는 과감한 밈 사용으로 오히려 팬들의 인기를 한 몸에 받고 있다.

9. McDonald's (@mcdonalds)

맥도날드는 자신이 정크푸드임을 잊지 않고 있다. 햄버거의 맛이나 영양가보다는 글로벌에서 자신을 다루는 이야기에 귀 기울이고, 그것으로 콘텐츠를 만들어낸다.

10. WFFT (@wildlife_friends_foundation)

태국 야생동물 보호 단체. 야생동물 한 마리 한 마리에 대한 스토리텔링을 통해 그들을 보호해야 할 필요성과 시민의 참여를 독려한다.

인스타그램, 향후 변화와 전망

이 책이 출간된 지 두 달이 갓 지난 2025년 1월이 되자마자 인스타그램에는 큰 변화가 생겼습니다. 2025년 1월 19일 미국에서 시행된 '틱톡 금지법 (tiktok ban)'으로 미국 내 틱톡 서비스가 갑자기 사라지자 수많은 틱톡 크리에이터들이 인스타그램으로 유입되었습니다. 더불어 그들의 열렬한 추종자들도 함께 인스타그램으로 이동했습니다. 인스타그램은 이런 신규 유입자들이 인스타그램에 안정적으로 정착해 틱톡에서 보여준 톡톡 튀는 창의력을 발휘하기를 바랍니다. 그래서일까요? 인스타그램의 사용 환경이 갑자기 틱톡처럼 바뀌고 있습니다.

우선 지난 10여 년간 인스타그램의 정체성과 같았던 1:1 정방향 그리드를 3:4 직사각 그리드로 바꾸었습니다. 최대 90초가 한계였던 릴스 길이 역시 2배인 최대 3분까지 늘어났습니다. 크리에이터들에게 지급되는 수익을 빠르게 정산해 누구나 영상 하나로 몇백만 원에서 몇천만 원까지 수익을 창출할 수 있게 만들었습니다. 하이라이트의 위치를 이동해 프로필에서 더 많은 콘텐츠를 볼 수 있게 했습니다. 이미지형 콘텐츠는 최대 20장까지 업로드가 가능해졌습니다. 이외에도 틱톡에서처럼 다른 이용자의 콘텐츠에 내 콘텐츠를 리믹스(remix) 할 수 있도록 권장하고 있습니다. 틱톡을 위한 영상 편집 앱인 캡컷(Capcut)처럼 인스타그램 역시 전용 영상 편집 앱 에디츠(Edits)를 출시할 예정입니다. 아마 추천 탭 역시 틱톡처럼 3:4 그리드 형식으로 바뀔 것으로 예상됩니다.

　기존 인스타그램 이용자들에게는 혼란을 주고 달갑지 않을 수 있는 변화입니다. 하지만 이는 전세계적인 콘텐츠 트렌드를 따라가겠다는 인스타그램의 대중화 선언과 같습니다. 이제 인스타그램만 이용해도 전 세계의 트렌드를 따라잡고 글로벌 스타가 될 수 있습니다. 커머스 기능도 더 강화되어 구매 전환 효과도 더 강력해질 것입니다.

 2025년 상반기에는 인스타그램에 다양한 변화가 일어날 것으로 보입니다. 그때 그때 변화하는 기능과 활용법을 빠르게 정리해 소개할 예정입니다. 왼쪽 QR 코드를 스캔해 살펴보세요.

　올해는 더 많은 분이 인스타그램을 시작해 비즈니스와 개인 브랜딩에 성공하시길 기대합니다. 감사합니다.

2025년 1월 20일
커피 한 잔과 함께하며 이언주

가입부터 비즈니스 계정 관리까지! 인스타그램 완벽 가이드

당장 써먹는 인스타그램

초판 1쇄 발행   2024년 10월 30일
초판 2쇄 발행   2025년 1월 28일

지은이   이언주
펴낸이   황윤정
펴낸곳   이은북
출판등록   2015년 12월 14일 제2015-000363호
주소   서울 마포구 동교로12안길 16, 삼성빌딩B 4층
전화   02-338-1201
팩스   02-338-1401
이메일   book@eeuncontents.com
홈페이지   www.eeuncontents.com
인스타그램   @eeunbook

책임편집   하준현
디자인   이미경
제작영업   황세정
마케팅   이은콘텐츠
인쇄   스크린그래픽

ⓒ 이언주, 2024
ISBN 979-11-91053-44-9 (13320)